香席

中華文化叢書

林燦——著

「香之為用從上古矣，所以奉神明，可以達蠲潔。」宋朝宰相丁謂在其香學名著《天香傳》裡的這句話，極為傳神地勾勒出中國香文化的精妙之處，在於溝通天地神明，在於清新雅致，在於天人合一。

崧燁文化

前　言

　　在查閱一些資料後，我沒有在古代典籍中找到"香席"一詞的確切出處。相對比較權威的出處，是臺灣地區學者劉良佑先生在其著作《香學會典》中，明確提出了"香席"這一稱謂。

　　中國古代關於香文化活動的記載，有"鬥香"一詞。據《清異錄·熏燎·鬥香》記載，唐中宗時，宗楚客兄弟、紀處訥、武三思以及皇后韋氏諸親屬等常舉辦雅會，"各攜名香，比試優劣，名曰鬥香"。在這裡，鬥香作為一種文化活動出現在上層社會，側重於比較香的品質。

　　在佛教的典籍中，則有"香事"的說法，指焚香的規儀和程式。而香事在諸多《香譜》中，是指有關香的典故和趣聞。

　　而"香道"一詞，則是日本在我國唐宋時期引進香文化後，對其按照日本民族文化和語言特點的命名，並與茶道、花道、劍道一起流行於日本的皇室與貴族中。

　　以上三種名稱，都是香文化在不同地區和行業的稱謂。在經過了清朝的文化巨殤之後，中國的香文化逐漸沒落，以致國人對香文化的瞭解僅限於祭祖和佛道的焚香，不能不為之一歎。如今，隨著中國經濟的發展，日本和我國臺灣地區的香文化逐漸回流，我國大陸各地開始興起各種小範圍的品香活動。

　　對於這些活動，我個人不贊成簡單地沿襲日本的"香道"一詞。因為該詞彙與中國的文化和民族性格，乃至語言習慣都不盡符合。至於那些杜撰出的"中國香道"一詞實在不倫不類，令人不敢苟同。而劉良佑先生所明確提出的"香席"這一名稱，體現了中國文化的傳承和漢語言的習慣特點，我個人對此非常贊同。

劉良佑先生指出，香席是"經過用香工夫之學習、涵養與修持後，而升華為心靈饗宴的一種美感生活，是一種通過'香'做媒介，來進行的文化活動"。

　　我們可以看出，他對"香席"概念的闡述，雖然還不能說是盡善盡美，但是準確把握了香的文化特點，延續和繼承了中華文明的深層次內涵和修為，這是難能可貴的。

　　因此，我決定將此書定名為——《香席》。

　　我要感謝成都慧心古芳居香席會館為本書提供的全套香席表演照片，馬晶女士為本書提供的老撾沉香圖片，門春甯先生提供的柬埔寨等國的沉香圖片，楊智先生提供的沉香樹圖片，以及眾多香友為本書積極提供的世界各地的沉香圖片和資料，在此一併感謝。我還要特別感謝好友黃祖明先生，正是由於他的引薦，我開始接觸到神秘的香席和極其珍貴的野生沉香，並從此走上研究香文化的道路。

　　由於本人才疏學淺，錯誤遺漏之處在所難免，希望專家學者以及香友們不吝賜教，萬分感謝。

林燦

目　錄

第一編　源遠流長的香文化.. 1
　　一、香文化的起源和發展................................. 2
　　二、香文化的故事.. 11
　　三、香料與醫學.. 22
　　四、香事.. 29
　　五、香料與宗教.. 32

第二編　香材... 37
　　一、香品.. 38
　　二、合香.. 52
　　三、沉香鑒別.. 62
　　四、沉香漫談：會安沉和星洲沉.................... 69

第三編　香席表演... 77
　　一、香具.. 80
　　二、坐香.. 92
　　三、香席品鑒.. 103

第四編　古代詩詞中的香文化 107
　一、先秦時期的詩詞 108
　二、西漢至五代時期的詩詞 110
　三、宋代及後世的詩詞 130

第五編　走向世界的香文化 139
　一、日本香道 140
　二、中東與阿拉伯地區的香文化 149

附錄 153
　附錄一　天香傳 154
　附錄二　香譜 157
　附錄三　和香序 159
　附錄四　香乘 160

　後記·香席的復興 172
　參考文獻 174

第一編　源遠流長的香文化

　　從中華文明誕生的那一刻起，香文化便是其中不可或缺的一部分。它那清遠悠長的香味，伴隨著我們這個古老的民族，穿越了歷史的滄桑，一路走了幾千年，至今仍有著令人著迷的神秘和美妙。

一、香文化的起源和發展

1.先秦時期的香文化

"香之為用從上古矣。"這句話出自北宋宰相丁謂所著的《天香傳》。

由此可以得知,中國使用香的歷史源遠流長,有記載的可以上溯到商周時期。當時,無論是皇室貴冑,還是黎民蒼生,都會在祭祀的時候,點燃一些帶有香味的植物,以示祭祀的莊嚴和神聖,並以此與上蒼鬼神溝通。據甲骨文記載,在殷商時期,就出現了"手持燃木"的"祡(柴)祭"。而在祭祀時將植物投入燃燒的火中,便是"燎祭"。

這些被大量使用的植物,也被古典書籍記載下來。例如《詩經·國風·衛風》中就有一首詩,名曰《采葛》:"彼采葛兮,一日不見,如三月兮!彼采蕭兮,一日不見,如三秋兮!彼采艾兮,一日不見,如三歲兮!"這首詩中的"蕭",指的就是有香氣的青蒿,古時常用於祭祀。

而"香"字本身,在甲骨文時期,便是"上面燃燒著蒿草,下面一口鍋"的象形字。到後來,下面象征鍋的"甘"字才演變為"日"字,卻仍保留了上面的"禾"字,指代香氣來源於植物。

據《香乘》記載:"香最多品類,出交廣、崖州及海南諸國。然秦漢以前未聞,惟稱蘭蕙椒桂而已。至漢武奢廣,尚書郎奏事者始有含雞舌香,及諸夷獻香種種證異。晉武時,外國貢異香。"這段話應該是關於香料使用發展較為權威的記述,也就是說,從商周時

"香"的甲骨文

期到西漢早期，由於不通東南亞諸國，像沉香這樣的名貴香料還沒有出現，因此普遍生長於中原大地和楚國的芳香植物佔據了香文化的主要位置。這些植物包括青蒿、蘭、蕙、椒、桂等有香氣的草木。

在西漢之前，人們除了祭祀時使用植物焚燒之外，已經開始佩戴香草或者用之於熏衣物、治療疾病等。

如屈原在《離騷》中提及"扈江離與辟芷兮，紉秋蘭以為佩"，說明春秋時期人們就已經有佩戴芳香植物的習慣。而《山海經》卷二《西山經》也有記載："又西百二十裡，曰浮山，多盼水，枳葉而無傷，木蟲居之。有草焉，名曰薰草，麻葉而方莖，赤華而黑實，臭如蘼蕪，佩之可以已癘。"這便是說佩戴薰草，可以治療疾病。

隨著香文化的發展，熏香用具也隨之出現，包括陶、青銅等不同材質的香爐都有發掘。春秋戰國時期，就出現了專門用於熏香的香爐。在漢代以前，人們將衣服、被子等放置到竹籠之上，竹籠內再放香爐，香料燃燒的煙霧氣息被熏蒸到衣物上。這種熏香的方式一是可以祛蟲，二來可增香。由於使用的香草為青蒿、蘭、桂等尋常植物，因此逐漸從宮廷流行開來，深受人們的喜愛，最後幾乎成為一種家家戶戶的習俗。

2. 西漢至盛唐時期的香文化

到了漢武帝時期，國力空前強盛，經濟高度發展。隨著國家權力向南方沿海地區延伸，當時盛產於廣東沿海地區和東南亞諸國的香料，開始被作為貢品進入長安的宮廷。春秋時期就已經出現的熏衣、熏香、香浴，在宮廷和士大夫階層流行開來。從此，香文化進入一個新的階段，即大量使用南方香料，用料變得講究起來，香具更加考究，香的品位也得以提升。前面所提到的尚書郎要口含雞舌香奏事，便是從漢武帝時期開始的。而雞舌香便是產自東南亞諸國的丁香母，稱為古代的"口香糖"，中原地區不產。另外，龍腦香可能也是漢武帝時期進入中國的。據《史記·貨殖列傳》記載："番禺亦其一都會也，珠璣、犀、玳瑁、果、布之湊。"有學者認為，這裡講的"果、布"，是龍腦香的馬來西亞語音譯。

此時，被譽為中國香文化的第一個高峰，其標誌之一就是博山爐大量使用於熏香。據《西京雜記》記載，長安巧工丁緩善做博山爐。博山爐的雕工極為複雜，整體類似豆形，其蓋為鏤空雕，有飛禽走獸等圖案，象徵著中國古代神話傳說中的博山，並因此而得名。當爐內熏焚香料，煙氣從蓋上的空隙升騰而起，極似仙山瓊閣。這一時期，製造的香爐形制變得更精巧，樣式也更加多樣，還出現了可以自由滾動而不影響熏香的熏球，稱為"被中香爐"，意思是可以放在被子中使用。這種熏球使用方便，對後世影響很大，出現後便廣泛使用於宮廷和富貴人家的起居生活中，比如懸掛熏球於車駕步輦的四角，使得車過之處，處處留香；還有如夫人小姐隨身攜帶，香氣經久不散；有的文人士大夫也喜愛佩戴此物。

而另一個標誌，就是沉香等名貴香料進入中原地區。《西京雜記》裡有關於趙合德愛好熏香的記載，提到趙合德曾送給姐姐趙飛燕一些香料，其中包括"沈木香"，並且"雜熏諸香，一坐此席，餘香百日不歇"。在古代，"沈"字通"沉"字，"沈木香"應該就是"沉香"。以上文獻記載證明在西漢末期，沉香已經被使用於宮廷的熏香活動中，並且開始將多種香料炮製成合香使用。

東漢時期的楊孚也在《異物志》（又稱《南裔異物志》）中寫道："木蜜名曰香樹，生千歲，根本甚大，先伐僵，四五歲乃往看，歲月久，樹材惡者腐敗，唯中節堅直芬香者獨在耳。"從這段記載來看，木蜜和海南、越南古代山民伐取沉香的方式一致，可能是中國最早有關沉香的記載。

羅貫中也曾在《三國演義》中寫到，東吳攻下荊州，又殺害關羽，孫權為了轉移矛盾，禍水外引，便將關羽首級獻於曹操。曹操是個重情義的人，為了紀念關羽，便令人用沉香木雕成關羽身軀，同首級一同埋葬。因為沉香木被認為是可以令死者身體不腐的神物，用極其珍貴又如此巨大的沉香木與關羽同葬，實在體現了曹操對關羽的重視，令人感動。

不過在現實中，曹操卻是一個簡樸的人，並且禁止家人熏香或佩戴香飾。曹操還有一個關於香的故事。他在臨終前，囑託家人說，自己沒有什麼金銀珠寶，只有些香料給大家分。他還讓家人學著做鞋，日後貧困之時，以度時日。這就是"分香賣履"的故事。

《香乘》所記述的尚書郎給皇帝奏事，需要口含雞舌香，這意味著香的使用被宮廷定為宮廷朝對時的禮儀，而中國自古又是一個極度講求禮儀的國家，這就將香的使用推上了一個新的層次。

與此同時，隨著與西域諸國的交往逐漸增多，產自大秦的蘇合香也通過絲綢之路進入中原，被皇室貴胄視為珍寶。蘇合香是一種合香，即多種香料通過煉製合在一起，做成丹丸，或者榨出油脂，成為蘇合香油。這種蘇合香，可能是中國合香的始祖，自有蘇合香後，中國才開始有煉製合香的記載。

到了魏晉南北朝時期，道教與佛教興盛，道士和佛教徒大量使用香料。迷戀煉丹的道士對香有著極大的興致，他們不僅要求在煉丹時焚香以靜心，還以香作為與上天神靈溝通的手段。而佛教本身就極為推崇用香，有"香事"的說法，在印度，人們大量使用香料用於坐禪修煉與禮佛。這一時期，合香開始大量興起，葛洪、陶弘景都是制香名家。葛洪還提出可以使用"蕭"，也就是先秦時期就廣泛使用於祭祀的青蒿來治療瘧疾，這對世界醫學的發展是一大貢獻。

另據魏晉時期的醫學名著《名醫別錄上品卷第一沉香》記載，沉香可以"療風水毒腫，去惡氣"，性"微溫"。就目前已瞭解的資料看，這是中國古典文獻中有關沉香的首次明確記載。

魏晉時期的社會風氣還有兩個特點：一是巨室豪門攀比鬥富的風氣令人瞠目結舌，奢靡之風盛行，以珍貴的域外香料炫富，已經到了窮奢極欲的地步；二是文人士大夫以淡泊寧靜、修身養性為個人操守。但這兩個社會階層都有一個共同愛好，那就是香。

奢侈巨富的典型代表就是西晉的石崇，他不僅令丫鬟將沉香粉末撒在象牙床上，看誰走過去不留腳印，還用沉香熏焚自家的廁所，弄得客人誤以為進了內室。而篤信佛教的梁武帝，在 505 年下令用沉香祭天，用上和香祭地，並寫下"盧家蘭室桂為梁，中有郁金蘇合香"的詩句。

魏晉時期的文人士大夫則偏好香的素雅和孤獨高貴的氣質，並寫出"燎薰爐兮炳明燭，酌桂酒兮揚清曲"等詩句，表現了魏晉文人的清高脫俗與淡泊寧靜。同時，南朝宋史學家、文學家范曄還寫下了《和香方》，可惜如今只留下其《和香方序》。他在這篇文章中用有一定危害的麝香比喻同朝為官的庾憘之，用氣味平和的沉香自喻。

此時，關於沉香的記載大量出現。據唐代段公路所著《北戶錄》記載："唯《交州異物志》曰：'密香，欲取先斷其根，經年，外皮爛，中心及節堅黑者置水中則沉，是謂沉香；次有置水中不沉，與水面平者名棧香；其最小粗者，名曰桟香．'佛經所謂沉水者也。又，《南越志》謂之香木出日南也。"由於東漢楊孚所著的《異物志》對中國古代的地理遊記、植物志考等影響巨大，題為"異物志"的書籍非常多，所以，這裡所提到的《交州異物志》，是否是楊孚所著的《異物志》不得而知，但可以肯定的是，這段記載也從側面證明在魏晉時期，人們對於沉香有了更為深刻的認識。段公路在書中記載的這段話，區分了水沉、棧香和桟香，也就為後世的沉香細分奠定了基準。《北戶錄》還記載了大量的奇珍異寶，其中包括了產自驃國（伊洛瓦底江流域佛教古國）的艾納，產自大秦的迷迭等香料，並且明確說沉香是經過腐敗後所產生的能沉於水的樹幹部分，這可謂是相當準確的記載。

魏晉時期王公貴族奢侈用香的風氣，一直延續到了隋煬帝時期。每到除夕夜，這個中國歷史上著名的淫奢帝王便命人焚燒沉香，竟以車計量，使得整個皇宮徹夜香氣襲人。

短暫的隋朝在此起彼伏的戰爭中轟然倒塌，繼之而起的唐朝則進入了中國歷史上的又一個黃金時代，香文化也隨之豐富多彩起來，這大概是得益於唐朝的開放。通過海上絲綢之路和陸上絲綢之路，產自阿拉伯半島、東非的香料被源源不斷地運到長安，比如波斯人的安息香，大秦人的蘇合香、薔薇水，東非麻羅拔的乳香，甚至出現了產自阿拉伯海域極其珍貴的龍涎香（在當時被稱為"阿末香"）。東南亞諸國的香料也整船整船地運至廣東沿海，比如越南、真臘、暹羅、爪哇的龍腦香、沉香、雞舌香等。可以想像，整個長安的富貴人家都沉浸在對香的喜愛和品鑒之中。就在這一時期，產生了"鬥香"。唐朝宮廷還專門設立了尚藥局，掌管香藥，服務於皇室。

繁榮強盛的唐朝，還吸引了日本不斷派遣留學生來學習中原的文化，同時也有很多中土人士將文化帶去日本，比如鑒真，他東渡不僅帶去大量的佛經，還帶了很多醫書和香藥，有確切記載的如：麝香二十臍，沈香、甲香、甘松香、龍腦香、瞻唐香、安息香、棧香、零陵香、青木香、熏陸香都有六百餘斤。這裡記載的"沈香"，便是沉香。這些香藥被鑒真帶到日本後，都被視為國寶，對日本香道的興起和發展起到了重要作用。

《北戶錄》還記載："香皮紙，羅州為棧香，樹身如櫃柳……皮堪搗紙，土人號為香皮紙，小不及桑根竹膜紙、松皮紙、側理紙也。"這裡的羅州在當時屬於廣東管轄範圍，而棧香則是較沉香低一等級的香木，都是瑞香科樹木產出的香。這種香皮紙正是用瑞香科樹木的樹皮所造出的紙張。

3. 宋代及後世的香文化

產自越南等東南亞諸國的沉香，在當地也屬於不易得的稀罕之物，通過朝貢體系和香料貿易來到中原，經過漢、魏晉南北朝、隋、唐近千年的奢靡浪費，自然日漸稀少。到了宋代，沉香價格已極其昂貴，被譽為"一片萬錢"。和以前的浪費奢侈不同的是，宋代的文人開始流行以少量的沉香焚燒或烘烤，來品鑒沉香之美，這也是現代沉香文化的雛形。節儉和雅致，是宋代香文化的特點，這和宋代講求素雅的社會審美傾向是相輔相成的。

也正是在宋代，出現了許多有關香文化的專著，如丁謂的《天香傳》、陳敬的《陳氏香譜》、洪芻的《香譜》、葉庭珪的《香錄》等。這意味著人們對香文化的研究進入了成體系的時代，並且碩果累累。正是在這種情況下，中國的香文化進入第二個高峰時期，也就是從宋代開始，真正文化意義上的香席才得以出現。

諺語云："燒香點茶，掛畫插花，四般閒事，不宜累家。"這是宋代吳自牧在《夢粱錄》中所記載的。有意思的是，燒香和點茶、掛畫、花藝一起被當時的杭州社會認為是四件閒事，而且這四件事最好不要勞累自己，要請專門的香藥局的差役來辦，這樣"不致失節，省主者之勞也"。既然已有諺語流行，足以說明香文化活動在當時的杭州城是已相當普及。

吳自牧（生卒年不詳）是南宋時期人，他生平坎坷，經歷波折，頗有此生經過黃粱一夢之感慨，在《夢粱錄序》中說："緬懷往事，殆猶夢也，名曰《夢粱錄》云。"這本書詳細地記錄了南宋時期杭州方方面面的情況，從廟會到各節日祭祀，從科舉解闈的官場規儀到除夕冬至的民間習俗，從街道小橋的城市佈局到宮廷衙門設置，還詳盡記載了當時的街市小吃和各種民間職業，可謂一本難得的社會百科全書，成為研究南宋社會的權威資料。在這部書裡，所提到的香藥局是宋代四司六局之一，掌管著龍涎、沈腦、清和、清福異香、香罍、香爐、香球。除了官方的香藥局外，杭州城裡還有專門的經營香藥香料的香鋪，且有專門著裝——"香鋪人頂帽披背子"。在茶樓酒店，有專門燒香賣香藥的，叫"廝波"。其中的《諸色雜貨》一文中記載："且如供香印盤者，各管定鋪席人家，每日印香而去，遇月支請香錢而已。"這是說在當時有專門的職業是每天上門為客戶印香。而所謂"印香"，又稱為"篆香"，是用木刻鏤空而成的篆文圖案，將香粉壓制成連筆而成的圖案，或者是蓮花形狀，或者是"壽"字的篆體，等等。而這種印香所使用的木質模具叫作"香篆"。這段文字也是宋代已經形成現代意義上的香席文化的有力證據，其中的"供香印盤者"，應視作現代香席師的先輩，當香席文化傳到日本後，"供香印盤者"便成為日本香道師的先祖。

宋自立國以來，皇室為了防止唐末五代時期形成的武將專權割據之患，實行重文抑武的政策，這樣就使得宋代的文化繁榮起來，文人也獲得了較高的社會地位。這時，出現了關於香文化的文學創作高潮。黃庭堅就自稱"香癡"，寫出許多關於香的優美詩詞，如："百煉香螺沈水，寶薰近出江南。一穟黃雲繞幾，深禪想對同參。"他在詩中將焚香與參禪聯繫起來，昇華了品香的格調和意義，對人生的感悟更加空靈和深邃。這位"香癡"，經過多年的品香，總結出"品香十德"，也就是香的高貴品格，為感格鬼神、清淨身心、能拂污穢、能覺睡眠、靜中成友、塵裡偷閒、多而不厭、寡而為足、久藏不朽、常用無礙。"品香十德"對日本香道影響極大，為後世香學界所津津樂道，並且，黃庭堅還是《香譜》作者洪芻的舅舅，洪芻正是在他的影響下走上了研究香學的道路。

另一個大文豪蘇軾也是有名的愛香之人，他在《和黃魯直燒香二首》一詩中寫道："四句燒香偈子，隨香遍滿東南。不是聞思所及，且令鼻觀先參。"蘇軾在詩中所說的"鼻觀"，是宋代文人對用鼻子去品聞焚香所產生出的香氣之雅稱，由此可見宋代文人對香文化的喜好程度和品鑒水準。蘇軾曾經被下放到海南島，生活困苦，但他經常利用閒置時間上山采藥，這給他提供了近距離觀察海南沉香——崖香的寶貴機會。他在《沉香山子賦》中說"矧儋崖之異產，實超然而不群"，這說明蘇軾對產自海南島的沉香評價極高，認為是最好的沉香。這和著名香學大師丁謂的觀點是一致的。

丁謂，宋真宗年間出任宰輔，在歷史上是一個爭議頗多的人，但正是他在《天香傳》中確立了沉香的各個品級和海南崖香的至高地位。他早年在福建任轉運使時"以香入茶"，將少量的龍腦等香料加入北苑貢茶，以增加貢茶的香味。後來，他被召進宮中參與政事，接觸到更多的珍稀香料，使他對香料有了更全面透徹的瞭解。宋乾興元年（1022 年），丁謂在政治上失勢，被貶海南任崖州司戶參軍，這使他得以有機會實地瞭解海南崖香。在他謫守崖州時期，每天寄情於海南豐富的奇花異草，鍾情於海南沉香，以其深厚的香學造詣和文學造詣，寫下了名垂青史的《天香傳》。

《天香傳》提出對沉香香味的品鑒應以"清遠深長"為標準，"其煙杳杳，若引東溟，濃腴湆湆，如練凝漆，芳馨之氣，特久益佳"；並認為海南沉香的品質應是沉香之首，"黎母山酋之，四部境域，皆枕山麓，香多出此山，甲於天下"。丁謂對於海南沉香的觀點奠定了後世香學的基礎，對香學有著極為重要的影響。

丁謂還在《天香傳》中寫道："香之類有四：曰沉、曰棧、曰生結、曰黃熟。"這是對唐代段公路在《北戶錄》中關於沉香分為"水沉、棧香、黐香"的進一步完善，至今仍是沉香細分的標準。丁謂認為，沉是指能沉水的沉香，品質最好；棧香是大半能沒入水中，品質比沉水香差一些；生結是不等香成熟就採伐下來的香；黃熟香是材質輕虛、腐朽的棧香。如果是生結的沉香，那麼其品質和棧香相當；如果是生結的棧香，那麼其品質與黃熟香相當。這就意味著，熟香的品質始終優於生香。

以丁謂對中國香文化的貢獻，以及他對沉香的品鑒水準，完全有資格被譽為"香聖"。

可以說，現代香席的品香之法和鑒賞就是在丁謂、黃庭堅、蘇軾、陳敬等一大批宋代學者文人的研究之上，發展沿襲至今的。並且，香席的意義以堅持宋代的美學感悟為榮，追求香的清遠深長，以香入道，以香來感悟與修煉，以香來進行內心的修持與涵養。這正是香席的價值所在，也是其在中華文明發展史上的文化價值所在。

由於宋代的瓷器燒制技術達到巔峰，品香活動便基本不再用青銅香爐，而是以造型簡約、素雅的瓷香爐為主，不論是官、哥、定、汝等官窯，還是民窯，都有大量色彩淡雅、小巧別致的香爐，廣泛應用於宮廷與民間。同時，與香有關的香囊、香球、香粉等等，都有專門的商鋪在經營。辛棄疾在詞中所說"寶馬雕車香滿路"，並非妄言，而是對那個時代市井生活的真實寫照，因為富貴人家的馬車轎子都在前後掛有香球熏香，整個社會也有熏香的愛好。這些都意味著香已經進入了平常百姓的日常生活，使宋代香文化達到了歷史上的第二個巔峰時期。

文明高度發達的宋代，卻在軍事上相對弱小，自建國便一直不得不面對遼、金、西夏、蒙古的軍事侵略和襲擾。在這不斷的邊患中，靖康之恥終結了北宋，南宋最終也不敵蒙古人的鐵騎。從此中華文明進入了衰退期，香文化也隨之受到影響。

不過，鄭和下西洋與宣德爐問世這兩件事，卻使中國香文化發出了一抹璀璨的餘暉。鄭和率領的龐大艦隊，從蘇州的劉家港出發，一路經過占城、爪哇、暹羅、麻六甲、蘇門答臘、錫蘭和印度，最遠一次竟然經由阿拉伯南岸遠航到東非沿海的摩加迪休、布臘瓦、馬林迪。每次的遠航，都用中國的瓷器、茶葉和絲綢換得數量巨大的香料，如沉香、檀香、乳香、龍腦、龍涎香、安息香、蘇合香等等，這些香料除了供應大明皇室的日常用度，也使香文化在明代的士大夫階層得以延續。而宣德爐的問世，意味著中國金屬香爐的最高水準，使得香文化發展到一個新的高度。

在明代，東莞地區由於香料貿易繁榮，更以莞香種植聞名於全國，有專門的"香市"，成為沉香種植和香料貿易的集散地。當時屬於東莞地區的香港，其地名便是因莞香而得名，意為"莞香之港"。

到了清代，由於沉香等名貴香料的日漸稀少，基本沒有了隋唐時期一夜焚燒百車之奢靡浪費之舉。除了東莞地區家家戶戶珍藏莞香，還保留著女孩子佩戴香囊的風俗之外，其他地區基本上很難見到沉香。

不過，清代的文學作品中卻不乏香的蹤影。如袁枚、納蘭性德、曹雪芹都在自己的作品中寫到了各種香和對香的喜愛。例如在《紅樓夢》中，薛寶釵所服的冷香丸就是一種合香。

當第一次鴉片戰爭爆發後，英國人以武力攻入中國，古老的帝國被震動，中華文明在步履蹣跚之中不得不走入近代社會。中國遇千年未遇之變局，國運如此，香文化遭受重創已在所難免。隨後而來的近百年殘酷的戰火最終將香文化徹底毀滅，導致中華文明香文化的缺位，以至於今人對於香席幾乎聞所未聞。

香文化是中華文明重要的一部分，是不可或缺的。值得慶倖的是，今天愛好香文化的朋友越來越多，香文化也得到了社會越來越多的關注。在有識之士和香學專家的努力下，今天的香學界正從傳承了香席精髓的日本香道裡，從浩若煙海的古籍中，從世界各地的深山裡，去尋找並恢復中國香文化的傳承，終於使得香席——這一體現中華文明精神的文化活動，得以在神州大地重見天日。

此乃當代一大幸事。

二、香文化的故事

1. 西域奇香治瘟疫

　　漢武帝時期的大漢朝，國力強盛，威名遠播。隨著張騫出使西域，匈奴北遁，絲綢之路逐漸繁榮起來。來自波斯、大食等中亞各國的客商，甚至更遠的大秦國商隊坐著駱駝，帶著各種西域奇珍異寶，伴隨著悠揚的駝鈴和一身的風塵，緩緩進入漢朝的都城——長安。

　　中原王朝的繁榮與富庶，令這些客商如進入夢幻世界一般。他們帶著近乎虔誠般的尊敬，希望能見到大漢皇帝劉徹——漢武帝。可是，處於深宮、威嚴無比的帝王不是誰都能見的。除非，誰能獻上能引起皇帝興趣的珍寶，才有可能一睹龍顏，甚至還可能獲得豐厚的賞賜。要知道，大漢帝國在這方面從不吝嗇。

　　有一個來自弱水以西地區的商人，歷經千辛萬苦，終於到達長安城，在疏通了層層關係後，終於見到了漢武帝。這位商人聽說漢武帝喜歡香物，就準備了他們國家的一種奇特的香料。

　　"陛下，為表達我對陛下的尊敬，我特意帶來我國特有的香料。"商人說。

　　漢武帝很喜歡香料，但他已經見過無數西域奇香，加上連日操勞國事，這天有些打不起精神。只見商人獻上的是三顆香，形狀和棗子差不多。漢武帝拿起看了看，心中有些失望，便隨口慰藉兩句，揮手讓商人退下。商人還欲言，卻被宦官攔住，只得無奈退下。

　　多日後，長安城突然出現瘟疫，很快就有許多人染病死去。這可急壞了朝廷上下，就連太醫拿出的方子也無濟於事。死去的人一天天增多，漢武帝也甚是焦慮。沒想到，那個西域商人又來求見，並稱有治療良策。漢武帝一聽，連忙召見。

"陛下，可曾記得小人過去所獻之香？"商人說。

"現在快說你有何治病之策才是正事，哪管得了什麼香啊！"漢武帝急得有些生氣了。

"那三枚奇香，正是治療瘟疫之良藥。只要陛下命人焚燒一枚便可祛除長安城的疫病。"商人又說。

漢武帝大驚，雖然不大相信，但事到如今只能死馬當作活馬醫，試試看再說。當即命人取出其中一枚香，以錯金香爐焚燒。頓時，整個皇宮中彌漫著濃濃的奇香，味道很獨特，聞之讓人頓覺頭腦清醒，心氣爽快，一解多日鬱積之氣。第二天，宮中有患疫病者，全部好轉。此香的確神奇，其香味不僅傳遍宮中，竟然還傳遍整個長安城。這香氣多日不散，實在令人稱奇。那些染有疫病的百姓聞了這香氣，都慢慢好轉，逐漸康復，長安城又恢復了昔日的繁華和生氣。漢武帝見此香甚是神奇，高興之餘，便重賞獻香的商人，當此人回國之時，還令人專程為其餞行。

由於歷史資料的缺失，無法得知此香名字，但由此可見，香料自古就和醫學有著密切的聯繫。

2. 香夢難覓李夫人

在中國古代，和香文化最有緣的帝王可能就數漢武帝了。也正因為他喜歡香，所以他當政期間，正是各國香料陸續進入中原的肇始。很多跡象表明，他對香的喜好，可能與他想求仙長生有關。

有一次，漢武帝覺得自己修煉到了一定境界，可以和王母娘娘見見面，便讓宮中宦官們打掃宮殿，鋪設如雲彩一般華麗的絲綢錦帳，燃起百和之香，用這樣的規格來迎接傳說中的西王母駕臨，與他相會。

不過，這畢竟是漢武帝的一時興起，那位美貌溫柔的李夫人才是他的至愛。這位李夫人是倡優出身，擅長歌舞，天生麗質，"傾國傾城"一詞就是指的李夫人。她在被召入宮中後，被漢武帝封為在當時地位僅次於皇后的夫人，備受寵愛。但這位美人入宮幾年後便染病去世。漢武帝極為思念她，便找來東方朔問計。東方朔對奇門遁甲、溝通鬼神之術極為精通，為使漢武帝能再見李夫人一面，便獻出一支懷夢草，並焚燒各種香料，使得漢武帝在睡夢中與李夫人相遇。但陰陽兩隔，生死茫茫，這位多情的漢武帝終不能再見到李夫人。

這個記載於古書裡的故事，也許並非杜撰。因為西域所獻之香，有的含有催情的成分，自然也不排除有的西域香料有迷幻的成分。如果含有迷幻成分，一旦配合燈光、飄動的帷帳，以及過去的熟悉的環境，完全有可能會使漢武帝進入夢幻狀態。況且，東方朔所獻之草，名曰懷夢草，可能有幫助睡眠的作用。

不管真實的歷史是怎樣的，有一點是毫無疑問的，那就是漢武帝時期，整個大漢王朝已經大量地使用香料，使得香文化成為中華文明不可或缺的一部分。

3. 班固受託買蘇合香

在東漢時期，產自大秦的蘇合香通過西域的商旅駝隊被販運到長安，很快被宮廷和貴戚所喜愛，成為爭相收藏的寶物，並成為時尚。雖然當時絲綢之路貿易繁榮，但蘇合香經過波斯、中亞這樣的長途販運，而且各地對途經的商旅都課以重稅，因此當蘇合香到了長安已是非常昂貴且不易得。

在這種情況下，朝中上下都對西域奇珍爭相購買，成為富貴之極的標誌。在此風氣之下，著名史學家班固也不能免俗。一次，大將軍竇憲便托班固購買蘇合香。他讓班固去辦的事情，班固自然不敢怠慢。但這蘇合香屬稀罕之物。對於普通官員來說，極難尋得。所幸的是，班固有個出任西域都護的弟弟——班超。於是，他修書一封，對弟弟說，大將軍竇憲託付他辦件事，給了他七百匹雜彩、三百匹白素，想換月氏馬和蘇合香。這竇憲乃當朝權臣，是外戚勢力中的頭面人物，並且執掌兵權。班超見信也不敢怠慢，便忙著張羅置辦。班超當時對平定西域有重大貢獻，並且全力支持中原與西域的經濟交流，維護絲綢之路的暢通，因此被來往的各地客商所尊敬，加上管理著西域，換得蘇合香倒也不是難事。有這樣的弟弟，班固自然能換得珍貴的蘇合香獻於竇憲。

可歎的是，多年後竇憲謀逆敗露，班固也跟著受了牽連被捕入獄，並死於獄中。至於被羅織的罪名中，有沒有幫著竇憲購買西域奇珍——蘇合香這一條，就不得而知了。

4. 乃存被賜雞舌香

漢桓帝時期，侍中乃存年老口臭，每次向皇帝奏事時，總是讓漢桓帝感覺不舒服。但鑒於乃存忠心耿耿，漢桓帝也不便直言。一天，乃存又向漢桓帝奏事。漢桓帝想出一個主意，當即微微一笑，讓宦官賜給他一些雞舌香，讓他含在嘴裡。這雞舌香是產自南海諸國的母丁香，當時全靠朝貢貿易運至中原，只限於宮廷使用。乃存沒見過雞舌香，不知為何物，更沒想到皇帝要他口含雞舌香的原因。而且，這雞舌香含在嘴裡，有些辛辣的感覺。乃存以為是自己觸怒龍顏，被賜以毒藥，嚇得惶恐不安。等下朝回家之後，乃存老淚縱橫地與家人道別。家人皆大驚失色，不知所措，頓時客堂之內一片號啕之聲。等到哭得差不多了，家人才想起問皇帝突然賜死所為何事。可乃存哪知道啊！哽咽之間，家人發現乃存嘴裡發出陣陣香氣，與往日大為不同，便問他嘴裡含的究竟是何物，為何有陣陣香氣。乃存疑惑之間，也察覺氣息與往日不同，口舌之間雖有辛辣之味，但口含這麼久，卻沒有中毒跡象，反而有陣陣香氣。猛然間，他想起早在漢武帝時期，宮中就有尚書郎口含雞舌香奏事的規矩，這才恍然大悟漢桓帝的良苦用心，不禁破涕為笑，索性將雞舌香嚼了咽下，心中頓覺豁然開朗。家人也放下心來，大笑不止。

原來，雞舌香有生津、袪口臭的功效，在古代一直被作為"口香糖"用，只是數量稀少，僅有宮廷與富貴人家才可以服用。

5. 荀彧留香

在《三國演義》裡，曹操有個能謀善斷的軍師——尚書令荀彧，他經常幫助曹操出謀劃策，很是了得。這個荀彧，在歷史上是個真實人物，他還有一個非常有名的故事，叫作"荀令過處，三日留香"。話說這個荀彧，長得是一表人才，風流倜儻，而且才華橫溢。一次，這位大才子到朋友家去做客，談天說地指點江山之後，告辭而去。這位朋友在荀彧走後，一直能聞到屋裡有種香氣，清雅高貴，沁人心脾。疑惑之間，他便細尋香氣所發何處，找來找去，最後確定是荀彧所坐之處，還留得這陣陣清香，甚至幾天後都還能聞到。消息一傳開，大家紛紛讚歎不已，荀彧留香果然名不虛傳。有好事之人還將荀彧與潘安相提並論，說是"荀彧留香，潘安擲果"，將此句話用來形容普天之下的英俊男子。

這個荀彧肯定不是什麼自帶體香，而是在東漢末期，香料已經進入士大夫階層，用於熏香和佩戴香囊。這些香料很多是從東南亞諸國朝貢過來的沉香。而沉香用於熏衣，衣服會留存沉香的淡雅幽香，具有一定的持久性。這樣一來，荀彧所坐之處三日留香恐非妄言。

6. 韓壽偷香

三國後期，魏國有個叫賈充的高官，追隨司馬家族顛覆了魏家天下，並帶兵弒殺了魏帝曹髦，被天下人所厭惡。但這個賈充卻也和香有緣。

當時，宮廷上層已經開始使用來自東南亞諸國與西域的香料，並常常賞賜給有功勞的大臣。賈充幫司馬昭登上帝位，可謂功勳卓著，自然得到了司馬昭賞賜——西域香料。這個賈充除了有個著名的醜女兒賈南風當上皇后外，還有一個小女兒——賈午，皇帝賞賜給他的香料便給了這個寶貝女兒。賈午自幼深受賈充寵愛，性格外向潑辣，甚至可以說是自由奔放。雖說當時的社會風氣並不像宋明理學要求的那樣，要恪守婦道，要三從四德，但也還是男女有別的。賈午不管這些，每當他父親在家召集眾人開會時，她便推窗打望，一次就發現了英俊的韓壽。從此，賈午的心裡便只有韓壽了。

天不怕地不怕的賈午，實在忍不住愛情的煎熬，便派丫鬟去找韓壽，明確表達了愛慕之情。這個韓壽一看是賈充的女兒來追求自己，這豈不是富貴從天而降嗎？當即便應了。賈家的圍牆從此常常留下韓壽的腳印，兩人經常半夜偷偷相會，到天亮韓壽才離開。

　　天下沒有不透風的牆。洩密的就是賈午身上所帶的香料。這種香料香氣獨特，並且持久不散。一次，在賈家的宴會上，與韓壽比鄰而坐的朋友就好奇地問韓壽，他身上的香氣是什麼香料所發出的。賈充這才發現，韓壽身上的香氣肯定是女兒的香料所發之氣。因為這種香料，司馬昭只賜給了他和陳騫。

　　一切盡在不言中。不動聲色的賈充等宴會之後，找來寶貝女兒一問，便知道兩人已私訂終身，便成全了這段姻緣。這故事就是"韓壽偷香"。

7. 石崇炫富

　　據《世說新語》記載，西晉時期著名的富豪石崇喜歡炫富，只要是能證明自己闊氣富有的寶貝，他都要擁有，並且以奢靡浪費為炫富的方式。這些寶貝之中，必然少不了當時極為珍貴的南海貢品——沉香。

　　石崇喜歡大擺宴席，山珍海味、玉液瓊漿自然是少不了的。但這些其他的權貴家也有，比這些顯不出他的富有。所以，石崇將他家的廁所裝修得極為奢華，一直用甲煎粉、沉香汁袪除異味，並且讓十多個頗有姿色的婢女在一旁伺候。如果有客人上完廁所，這些婢女就將客人原先的衣服脫下，換上熏過沉香的新衣服，才能再次入席飲酒。一個叫劉寔的官員，見到石崇家廁所這氣勢，以為誤進內室，連忙退了出來。石崇得知後，虛榮心極為滿足，大笑著對劉寔說，這不過是他家的廁所，不是什麼內室。這等於是在告訴所有的人，他家的廁所都如此奢華，那內室還不知道會有多富麗堂皇呢！

　　可是，這樣一來，很多客人都不好意思去上他家的廁所，那個劉寔也連說自己是貧苦出身，不能如此享受，遂去別處上廁所。

　　如此豪奢的石崇，財富堪比整個晉王朝，連皇帝都沒法與他鬥富，這不禁讓人疑惑不解。石崇如何能有如此多的奇珍異寶呢？對於石崇的財富來源，古籍上沒有明確的記載，但卻在隻言片語間露出了蹤跡。原來此人在任刺史期間，有殺人掠貨的嫌疑，尤其是對於過往的外國客商，更是索取無度。他通過各種手段，或強索財物，或明搶暗奪，謀取了大量的域外珍玩。這些域外珍品到皇帝那兒的時候，已經是石崇挑剩下的了。因此，他家能用沉香去灑在廁所裡，也就不足為奇。

8. 沉香床

《異苑》上記載了一個關於沉香床的故事，只是故事沒有芳香和浪漫，只有血淋淋的仇恨。

驕奢淫逸的西晉王朝到晉懷帝時期，已是風雨飄搖，到處兵荒馬亂，危機四起。在匈奴攻破帝都洛陽，擄走懷帝後，曾經強大的西晉轟然倒塌。隨後，中原大地一片混亂，到處都是殘酷的殺戮和兵亂，民不聊生，赤地千里。中原的豪強貴族、門閥富賈不得不捨棄家園，隨晉元帝南渡，建都於建康，史稱"永嘉之亂，衣冠南渡"。

南渡之後的中原人士，有些不適應江南的氣候，很多人得了腳病，而太醫們個個束手無策。有個叫法存的僧人，是嶺外人士。他精通醫術，諳熟藥性，此時正四處懸壺濟世，救治蒼生。法存見那麼多人得了腳病，便開出藥方，不多時就治好了這些人的腳病。

法存治好了這麼多人，這些人也真心感謝他，從此多有來往。這一來二往，法存和這些豪門富賈就熟悉起來。一次，有人和法存品茶之時，無意之中聊到當年洛陽皇宮的域外奇珍，以及石崇等人的奢華，感歎不已。尤其是石崇用沉香末灑在床上，讓婢女從上面走過，不留腳印的便給予賞賜，這件事讓法存也驚歎不已。

見對方已是好友，法存便說起自己也收藏有一件寶貝——八尺沉香床。來人不敢相信，一個僧人竟然有沉香這等南海珍品奇香，而且還用沉香做成八尺沉香床。這如何了得，就算當年曹孟德為祭奠忠義的關羽，也只是用沉香雕了身軀下葬。

見來人不信，法存微微一笑，將其領入內室。這八尺沉香床還真的有，並且法存天天睡著呢。

來人回去之後，茶餘飯後常將這八尺沉香床講給眾人聽，常聽得大家目瞪口呆。

所謂說者無意，聽者有心，這八尺沉香床的傳奇很快傳到了一個人的耳朵裡。此人姓王，名劭，是刺史王淡的兒子。這傢伙可不是善類，而是個吃喝玩樂、遛鳥逗狗的紈絝子弟。他聽說法存竟有這等寶貝，心裡很是羨慕，非要將八尺沉香床弄到自己手上不可。

這王劭先後兩次上門要買，法存肯定不願意。雙方言語之間，便結下了仇怨。王劭見法存不願意賣給他，惱恨之下，便動用了他爹的勢力，告了法存一個罪名，將其害死，霸佔了沉香床。

可憐僧人法存，何必執著於世間的享受，遭受如此殘害。謀財害命的王劭，整天享受著沉香床，沒過多久便染上重病一命嗚呼。坊間之人說這是法存的冤魂作祟，將王劭拉去了陰間索命。

這可能便是因果迴圈吧。

另據《香乘》記載，安祿山也有一張檀香床。他也不是有福消受此等天物之人，後被自己的大兒子唆使宦官刺死。

以筆者之見，沉、檀、龍、麝這些香料，本是天地間的奇珍異寶，人們應對其抱有敬畏珍愛之心，而不可有褻瀆之意，這才是玩香之人應該有的品德。

9. 流香渠

東晉時期的王嘉在《拾遺記》中記錄了這麼一段往事：

漢靈帝熹平三年，西域有人敬獻了一種香料，叫茵墀香。這種香是一種非常好的香藥，用來煎熬，服用後可以治療瘟病。

當時宮中並沒有流行病爆發，都城也無瘟病。因此，漢靈帝便將茵墀香賞賜給後宮的嬪妃們。嬪妃們獲得至寶，欣喜不已，為得漢靈帝寵倖，便用此香煮水沐浴。果然，浴後身體散發著陣陣幽香，嗅之沁人心脾，使得龍顏大悅。這些沐浴用過的水，宮女們將其倒入溝渠之中，流到宮外，就連附近路過的人都能聞到水中散發出的香味，因此人們將這條溝稱為"流香渠"。

雖然這段故事有奢淫浪費之嫌，但卻不乏個中情調。香，本就是奢侈品，從古至今都是，猶如雲中仙子，不肯輕易下到凡間，偶爾落入凡塵，便會成就一段美麗的傳說。這茵墀香便成就了流香渠的故事，與宮廷的美麗女子一道，永遠地留在中國的歷史傳說和香文化之中。

10. 瑞龍腦

唐朝天寶年間，越南進貢的龍腦香形狀像蠶一樣，使臣稱之為瑞龍腦。

唐玄宗甚是喜愛這種龍腦香，將此香賜予楊貴妃十枚。楊貴妃將這種瑞龍腦佩戴在衣服上，十步之外都能聞到香味。

一天，唐玄宗與別人下棋之時，讓樂工賀懷智在一旁彈奏琵琶，楊貴妃則站於左右。一陣微風將楊貴妃所佩戴的領巾吹落到賀懷智的頭巾上。過了很久，賀懷智轉身時才發現頭上的領巾，於是還給貴妃。等回家後，賀懷智發覺自己滿身芳香異常，細細一察竟是頭巾所發出的香氣。他這才回想起白天彈琵琶時的一幕，明白定是貴妃的領巾有這種香氣，不想此香竟能傳至自己的頭巾上，不禁連連稱奇。於是，賀懷智小心翼翼地將頭巾放於錦囊之中，小心保存。

後安史之亂，楊貴妃在隨唐玄宗入蜀避難之時，被賜死於馬嵬坡。待長安光復，唐玄宗還朝，時常想起貴妃往日之種種嬌媚體貼，百般恩愛，恍如隔世一般思念不已。這一切被賀懷智看在眼裡，便獻出了所藏之頭巾。

唐玄宗拿起頭巾一聞，頓覺貴妃如在眼前。等賀懷智奏明前因後果，唐玄宗不禁一歎："此乃瑞龍腦香也。"

只是龍腦香尚存，卻不見佳人。

11. 萬金難求古龍涎

蔡絛在《鐵圍山叢談》中記載了一個關於龍涎香的故事。

北宋政和年間，酷愛奇珍的宋徽宗有一次去檢查奉辰庫，太監們一樣樣搬出庫存的寶物請他過目。當一個太監拿出一個像石頭一樣的白色間雜有灰色的東西時，翻遍存冊都沒找到此物的記載，太監們也不知道是何物。宋徽宗對藝術品和文玩具有極高的造詣和鑒賞力，可他也沒見過此物。但他明白，凡是奉辰庫裡的東西，必然不是平常之物，一般都是各地甚至是海外朝貢來的奇珍異寶。他接過來左看右看，又湊近仔細聞了聞，感覺隱隱有股香味。宋徽宗仔細思量了一下，估計此寶物必定不凡，便命人拿來焚香用的炭火，微微烤之。剎那間，整個庫房充斥著一股奇香，一種從來沒有聞過的香味，濃烈而持久。宋徽宗這才明白，此物便是極其珍貴的，從大食國舶來之香——龍涎，遂將此香定名為"古龍涎"，以示珍愛，並立即傳令，收回全部賞賜出去的這種香料。

這消息一出，整個朝廷上下都在談論著古龍涎之奇，爭相求購這種古龍涎，價格達到了一小塊一百緡。按宋代的幣制，一緡為一千文銅錢，十緡等於一兩黃金，而百緡則為十兩黃金。可見古龍涎在宋代就已是非常昂貴之物了。

這些達官貴人一旦購得龍涎，便用金玉鑲嵌，再用青絲穿起來，戴在脖子上，以之為尊，並經常取出用手撫摸互相攀比。這樣的風氣傳到民間，便成為佩香，只是平民佩香不可能為古龍涎這種檔次的香料。只是，與春秋戰國時期將香囊佩掛在腰間不同，宋代開始將香佩戴在脖子上，這種佩香便是從佩戴古龍涎開始的。

12. 旃檀鼓

《酉陽雜俎》上記載了一則很有意思的故事。

古時候，在于闐國（今新疆和田地區）都城有一條大河，河水清澈，整日奔流不息，灌溉著整個于闐國的農田，可謂母親河、生命河。突然有一天，河水竟然斷流了。這可苦壞了于闐國的百姓，沒有河水的滋潤，莊稼會被太陽烤焦的。這也嚇壞了國王，忙召集群臣問策，可大家都面面相覷，束手無策。無奈之下，國王便問羅洪僧，究竟是何原因才使得大河突然斷流。羅洪僧說，這是龍王所為。

既然如此，于闐國王便大擺牲祭，焚香拜祭龍王。不一會兒，一個白衣女子出現在水面上，竟然踏浪而來，對于闐國王拜過禮後說："我的丈夫死了，我想和于闐國的一個大臣結為夫妻，百年好合，這樣河水就會恢復如常，奔流不息。"

于闐國王大驚。天下竟有這等奇事，河中的神仙沒了夫君，竟然找他于闐國要大臣結婚，為此還不惜截斷河流，這樣的神仙可不敢得罪。於是，于闐國王便要眾大臣拿主意。等他將情況一說，一位元年輕帥氣的大臣便說："為國為家，臣要赴河中與河仙成親，以挽救社稷蒼生。"

于闐國王大喜，當即大賞大臣。在擇了黃道吉日後，全都城的百姓敲鑼打鼓，夾道相送，為這個勇敢的大臣送親。大臣坐在一匹白馬拉著的馬車上，好不威風，顯得英氣逼人。

只見那大臣駕著馬車逕自駛入河中，卻久久不落下水，而是在水面上奔馳。到了大河中間，馬車才沒入水中。這勇敢的大臣也就入了水中，與河仙成了親。

過了一陣子，那匹白馬突然又浮出水面，一直遊回岸邊。令人感到意外的是，白馬還馱回了一個鼓，上面寫著"旃檀鼓"，還有一卷書，書上寫著，將旃檀鼓放在都城的東南，如果有外敵入侵，此鼓就會自動敲響。

後來，有敵軍威脅于闐國，旃檀鼓果然自動敲響，聲音響徹整個于闐國。這旃檀，就是佛家對檀香的尊稱。

三、香料與醫學

古往今來，中醫所用藥材最主要的原料是植物。從上古時代神農嘗百草，到孫思邈寫《千金方》，李時珍著《本草綱目》，一代代的中醫逐漸掌握了各種植物的藥理和毒性，將其用於醫學治療中。

例如，在屈原生活的時代，人們大多有佩戴香草的習慣，這主要是為了防止南方地區的瘴疫，另外起辟邪的作用。古代的南方，山區常有瘴氣、蚊蟲，使用香草可以驅蚊蟲，清新空氣。古時候，人們對瘴氣和疫病是非常害怕的。

《後漢書·南蠻傳》記載："南州水土溫暑，加有瘴氣，致死者十必四五。"那時人們認為，在中國東南和嶺南地區的森林池沼之間，升騰起來的霧氣，常常會讓人生病，致使陰陽不調，發熱頭痛，是導致瘧疾等傳染病的源頭。

雖然現代醫學表明，這些疾病真正的源頭是細菌，而不是瘴氣。但當時人們所採用的應對方法卻是正確的，那就是熏焚青蒿（黃花蒿）來祛除空氣中的細菌，有效防止傳染病的發生。

到今天，從青蒿中提取的青蒿素仍是治療瘧疾的主要藥品。除青蒿外，醫學界尚未發現含有青蒿素的其他天然植物，並且除我國重慶東部、福建、廣西、海南部分地區外，世界上絕大多數地區生長的青蒿中的青蒿素含量都很低，無利用價值。對這種獨有的藥物資源，中國國家有關部委從 20 世紀 80 年代開始就明文規定：青蒿素的原植物(青蒿)、種子、乾鮮全草及青蒿素原料藥一律禁止出口。

實在應該感謝大自然給予人類的恩賜，生成如此奇妙之物，讓人們得以抵抗疾病的威脅，實在令人感歎。

不過，將青蒿用於治療瘧疾，早在魏晉時期的葛洪就明確提出來了。這種青蒿就是先秦時期用於熏焚祭祀的蕭,也就是說,中華民族的祖先早已經將香草、香料與祖國的醫學緊密聯繫到了一起,直到今天還在造福於人類。

早在先秦時期,從人們用熏焚蕭、艾草的方法治療瘟疫等傳染病開始,香料便與中華醫學結下了不解之緣。普通民眾將採摘到的蘭、蕙、椒、桂,用於室內熏香、佩戴,以除去異味癘病。漢代的皇室和貴族階層也將花椒混合在泥裡,均勻地塗抹在牆壁上,稱為"椒房",以祛污穢之氣。這種利用香料熏焚祛除異味、蚊蟲、癘病的方法一直延續下來,至今南方一些地區還會焚燒香蒿來保持室內空氣清新和消毒。

因此,可以肯定地說,從香料被發現的那一刻起,就與醫學緊密相連,它的文化屬性與藥用價值一直並存至今。人們不僅用香料治病,還以各種香料為主材炮製成香藥,研究出很多香方,這樣既克制了香料中對人體有害的成分,又增強了香的藥效,使用起來更安全合理。

經過先秦時期的發展,中國在經濟繁榮、貿易暢通後,域外朝貢而來的香藥逐漸成為醫學家青睞的治病良藥,例如產自大秦的蘇合香就被醫學家們用於治療心臟方面的疾病。另外,醫學家們還總結出各種香料在醫學方面的用處,尤其是四大香料,這便是"沉、檀、龍、麝"。

1. 沉香

科學家們在《中藥大辭典》中分析指出,將沉香的丙酮提取物經皂化蒸餾,得 13%揮發油,其中含有多種化學物質。醇類化合物,就是沉香獨特香氣的來源,同時也是沉香藥效的來源。經科學研究表明,香料之所以能用於醫學,主要就是因為這些植物的油脂分泌物在起作用。

沉香可以治氣逆喘息,嘔吐呃逆,脘腹脹痛,腰膝虛冷,大腸虛秘,小便氣淋,男子精冷。很多古代醫書都記載了沉香的療效。最早的是漢末的醫學著作《別錄》,說沉香可以"療風水毒腫,去惡氣"。唐代波斯移民後裔李珣,出身於醫藥世家,能接觸到西域運到中原的珍貴香藥。在他集畢生所學寫下的《海藥本草》中也記載著沉香的藥用:"主心腹痛、霍亂、中惡邪鬼疰,清人神,並宜酒煮服之;諸瘡腫宜入膏用。"

其他一些醫書如《日華子本草》記載："調中，補五臟，益精壯陽，暖腰膝，去邪氣。止轉筋、吐瀉、冷氣，破症癖，（治）冷風麻痹，骨節不任，濕風皮膚癢，心腹痛，氣痢。"

《珍珠囊》中記載："補腎，又能去惡氣，調中。"

《本草綱目》記載："治上熱下寒，氣逆喘息，大腸虛閉，小便氣淋，男子精冷。"

《醫林纂要》："堅腎，補命門，溫中，燥脾濕，瀉心，降逆氣，凡一切不調之氣皆能調之。並治噤口毒痢及邪惡冷風寒痹。"

《本草再新》："治肝鬱，降肝氣，和脾胃，消濕氣，利水開竅。"

甚愛沉香的丁謂，在死前不進食，每天只喝沉香水度日。這是香料在醫學應用上的一大奇談。時至今日，由於野生沉香等香料的稀少，再加上被各國列為保護對象，不允許採伐，因此醫學上已經不可能使用野生香料做藥用，轉而大量採用人工種植的沉香入藥。現在中國用於醫學上的沉香，基本為人工種植的沉香樹，經人工"開香門"，幾年後收穫生結沉香。這樣的沉香，其藥效與經過百年風雨自然熟結的天然沉香是無法相比的，但仍是心臟病藥物的重要成分。

沉香樹現已經在我國海南島、貴州、雲南大量種植，面積都高達數萬畝。越南、老撾、柬埔寨、泰國等地也開始大量人工種植沉香。人工種植的沉香，大約待樹存活到十年，就用開香門、塗蜜引螞蟻咬噬、打吊針等方法使沉香樹結香。據說，現在農業科學家已經研製出一種真菌，可以讓沉香很快結香。這種人工沉香，按開始開香門到採摘的時間，分一年香、二年香、三年香、五年香等。其中五年香在市場上常被算做一級品，用作沉香粉的大多為一年香。

不過，人工沉香的品質與野生沉香是無法相提並論的，用於香席的一般應為野生沉香。

2. 檀香

香學意義上所指的檀香主要是指白檀香。《本草綱目》記載："白檀辛溫，氣分之藥也，故能理衛氣而調脾肺，利胸膈。紫檀鹹寒，血分之藥也，故能和營氣而消腫毒，治金瘡。"

在用於香席聞香時，檀香單獨熏焚的氣味無法達到醇和清遠的境界，常用作定香劑，也有一定的殺菌消毒作用。

檀香醇對生殖泌尿系統極有説明，可改善膀胱炎，具有清血抗炎的功效。它獨特催情的特性，可驅散焦慮的情緒，有助於增加浪漫情調。

檀香對胸腔感染，以及伴隨著支氣管炎、肺部感染的喉嚨痛、乾咳也有效果。當黏膜發炎時，檀香可舒緩病情，更可以刺激免疫系統，預防被細菌再度感染。它還可以用來治療灼熱，並且其收斂的特性，對腹瀉亦有幫助。熏焚檀香對身體也有抗痙攣和補強的功用，能帶來放鬆和幸福的感覺。

《本草經疏》載："紫真檀，主惡毒風毒。凡毒必因熱而發，熱甚則生風，而營血受傷，毒乃生焉。此藥鹹能入血，寒能除熱，則毒自消矣。弘景以之敷金瘡、止血止痛者，亦取此意耳。宜與番降真香同為極細末，敷金瘡良。"

3. 龍腦

龍腦香又叫"冰片"，是龍腦香樹分泌的樹脂，氣味辛、苦、微寒、無毒。冰片可以清香宣散，具有開竅醒神，清熱散毒，明目退翳的功效，主治熱病高熱神昏，中風痰厥驚癇，暑濕蒙蔽清竅，喉痹耳聾，口瘡齒腫，瘡癰痔疾，目赤腫痛，翳膜遮睛。在中醫實踐中，冰片的應用是比較廣的，與朱砂、硼砂、玄明粉配伍吹搽患處，可以散火解毒，治療痰火鬱閉，喉痹音啞；對火熱壅滯、口瘡齒腫者，冰片也可以起到很大作用。冰片與麝香、牛黃、黃連、郁金等配藥，可以清熱開竅，治療熱閉神昏。冰片可與爐甘石、玄明粉、硼砂配伍，製作成末點眼，治療火眼，翳膜胬肉。

冰片對瘡毒有特別的療效，比如非常頑固的雞眼。將冰片少許置於雞眼上，用火點燃，至感覺疼痛時將火吹滅。每日治療 1~2 次，每次約半分鐘，一個療程 5~7 天。愈後局部無瘢痕，治療期間可照常行動。

現代醫學合成的冰片含龍腦 59.78%~58.93%、異龍腦 38.98%~37.52%、樟腦 2.7%~2.09%。

由於天然龍腦的昂貴與稀少，現在中醫基本使用人工冰片。即用菊科植物艾納香的葉，經水蒸氣蒸餾、冷卻，所得的結晶叫作艾粉，再將艾粉精製而成冰片。

4. 麝香

又叫"當門子"，是為數不多來源於動物的香料，具有比較強烈的氣味。麝香為中藥材的一種，其藥用來源為麝科動物，如林麝、馬麝或原麝等成熟的雄體生殖腺分泌物。

麝香性辛、溫、無毒、味苦，入心、脾、肝經，有開竅、辟穢、通絡、散淤之功能，主治中風、痰厥、驚癇、中惡煩悶、心腹暴痛、跌打損傷、癰疽腫毒。許多臨床材料表明，冠心病患者心絞痛發作時，或處於昏厥休克時，服用以麝香為主要成分的蘇合丸，病情可以得到緩解。古書《醫學入門》中記載："麝香，通關透竅，上達肌肉，內入骨髓。"《本草綱目》中記載："蓋麝香走竄，能通諸竅之不利，開經絡之壅遏。"其意是說麝香可很快進入肌肉及骨髓，能充分發揮藥性。治療瘡毒時，藥中適量加點麝香，藥效特別明顯。西藥用麝香作強心劑、興奮劑等急救藥。

古人在製作墨時，除了要求用古松灰外，還常加一些麝香、龍腦等高級香料。這樣的墨深得文人墨客的喜愛，寫出的字、作出的畫香氣襲人。而且，這樣的名墨還有治病救人的例子，原因就在於墨中加了麝香等香料。這和古代的名貴線香，由於是沉香、龍涎等製成，焚燒後的灰燼可以用於治病，是一個道理。當代人看到古書說到名墨、香灰可以治病，以為是傳說甚至迷信，其實是不瞭解其中的奧秘。

當代，麝香酮為麝香的主要有效成分，其含量佔天然麝香肉的1.58%~1.84%，佔天然麝香毛殼的 0.9%~3.08%，麝香被廣泛應用於中成藥，如牛黃丸、蘇合香丸、西黃丸、麝香保心丸、片仔癀、雲南白藥、六神丸等，而且現在已經能夠人工合成。

5. 甲香

是蠑螺科動物蠑螺或其近緣動物的掩厴，在香席中只用於合香，增加香的穩定性和香味。《唐本草》中記載，甲香可以"主心腹滿痛，氣急，止痢，下淋"，就是說可以治療脘腹痛，痢疾等病。《本草拾遺》載："主甲疽，瘑瘡，蛇蠍蜂螫，疥癬，頭瘡，嚵瘡。"《海藥本草》載："和氣清神，主腸風痿痔。"甲香可以煎湯，也可以研成粉末外用。

6. 蘇合香

有較好的辟穢和祛痰作用，所以對於穢濁之氣侵襲人體，導致昏厥或中風昏迷痰盛的症狀，使用效果最好。現代醫學也使用蘇合香作為治療心臟病藥物的成分。

雖然蘇合香是著名的香藥，但在宋代有濫用之嫌。清代吳儀洛在《本草從新》中寫道："今人濫用蘇合丸，不知諸香走散真氣，每見服之，輕病致重，重病即死，惟氣體壯實者，庶可暫服一、二丸，否則當深戒也。"

因此，對蘇合香的使用，應該注意比例和病人的身體狀況，不可隨意使用。

7. 乳香

古人煉製乳香做藥的方法，在《品匯精要》中有記載："凡使（乳香），置筲上，以灰火烘焙熔化，候冷，研細用。"使用乳香時，先除去雜質，然後取揀淨的乳香，放置鍋內用文火炒至表面稍見熔化點，略呈黃色，取出放涼；或炒至表面熔化時，噴灑米醋，繼續炒至外層明亮光透，取出放涼。每50千克乳香，用3千克米醋去泡。

《本草綱目》記載："乳香入丸藥，以少酒研如泥，以水飛過，曬乾用；或言以燈心同研則易細，或言以糯米數粒同研，或言以人指甲二、三片同研，或言以乳缽坐熱水中乳之，皆易細。辛苦，溫。"

乳香可以調氣活血，定痛，追毒。治氣血凝滯、心腹疼痛，癰瘡腫毒，跌打損傷，痛經，產後瘀血刺痛。

8. 丁沉煎圓等其他香藥

　　古人除了前文所述的幾種重要香藥外，還按照中藥的炮製方法，研製了一些以香藥為主的藥方，例如"丁沉煎圓"，就是丁香二兩半、沉香四錢、木香一錢、白豆蔻二兩、檀香二兩、甘草四兩，碾碎成細末，再用甘草混在一起煎熬成膏，和勻之後，做成圓如雞頭大的藥丸。這種藥丸每次吃的時候，在嘴裡慢慢嚼化。經常服用，可以起到調順和氣，舒暢心氣，治療心疾的作用。

　　另外，在《紅樓夢》中，薛寶釵從小患有一種熱毒症，需要服用一種叫"冷香丸"的藥物。冷香丸是"將白牡丹花、白荷花、白芙蓉花、白梅花花蕊各十二兩研末，並用同年雨水節令的雨、白露節令的露、霜降節令的霜、小雪節令的雪各十二錢加蜂蜜、白糖等調和，製作成龍眼大丸藥，放入器皿中埋於花樹根下。發病時，用黃柏十二分煎湯送服一丸即可"。在熟悉醫方藥學的曹雪芹筆下，一種用香花製成的香藥就躍然於紙上。這其實就是一種經過炮製的合香香藥，雖然經過了文學加工，但還是可以看出，香藥在日常生活中的應用是非常廣的。以《紅樓夢》在中國的影響，這"冷香丸"可能也是最有名氣的香藥了。

　　除此之外，還有很多使用了香料的藥方，被我國古代的醫書所明確記載，同時也被包括阿拉伯地區的醫學藥方所記載。因此，香料與中醫中藥、阿拉伯醫學等古代醫學，以及被稱為"西醫"的現代醫學，都有著密切的關係，並一直造福著人類。

四、香事

　　中國香文化走過了幾千年歷史，它像一朵絢麗馨香的奇葩，伴隨著每個朝代的精彩紛呈與苦難滄桑，盛開在中華文明的大花園內，是那麼精緻和唯美，那麼令人陶醉，吸引著我們不斷去追尋它的芳蹤。古人對於香的熱愛，是我們今天難以比擬的。他們不僅珍藏著域外奇香，還會細心研究其來源、成因，評判其香味優劣，並為其制訂出一些標準，最後留下一本本香學巨著和品香之法，以及有關香的詩詞歌賦，使得我們今天對香文化的研究有跡可循，有法可依，也有神韻可以讓我們去領悟。

　　在浩瀚的歷史長河中，對香文化的研究又以宋代最有成就。在集香學於大成的宋代，丁謂、陳敬、洪芻等香學名家不僅將香學做了系統化的整理，提出了沉香、檀香等各種香料的品鑒之法，可謂事無巨細，甚至還將自古以來中國文化中關於香的趣事和涉及香文化的事、物，命名為香事。這裡的香事與佛家所說的香事是不一樣的。佛門香事，是指關於用香、焚香的一切規儀和程式。顯然，香學意義上的香事範圍寬泛得多，有人，有建築，有地名，有物品，還將供香料交易的市場稱為香市，採香的農戶稱為香戶，甚至還有涉及香的陳規陋習。看看這些"香事"，似乎在聽一位老者對自己講述香學，慢慢咀嚼品味，感覺一切歷歷在目，就如同行走在《清明上河圖》裡所描繪的那般繁華盛景中，親歷宋代南方恬淡安逸的往昔一般，這就是中華文明的魅力。

　　香尉：漢仲雍子進南海香，拜洛陽尉，人謂之香尉。

　　香戶：南海郡有採香戶，俗以貿香為業。

　　香市：南方有香市，乃商人交易香處。

香洲：朱崖郡洲中出諸異香，往往有不知名者。

香溪：吳宮有香水溪，俗雲西施浴處，又呼為脂粉塘，吳王宮人濯妝於此溪，上源至今猶香。

香界：回香所生，以香為界。

香篆：鏤木為篆紋，以之範香塵。

香珠：以雜香搗之，丸如梧桐子，青繩穿之，此三皇真元之香珠也。燒之香徹天。

香纓：以纓佩之者，謂纓上有香物也。

香獸：以塗金為狻猊、麒麟、鳧鴨之狀，空中以然香，使煙以口出，以為玩好，複有雕木埏土為之者。香獸不焚燒。

香童：唐元寶好賓客，務於華侈器玩，服用僭越於王公，而四方之士盡仰歸焉。常於寢帳床前，雕矮童二人，捧七寶博山香爐，自暝焚香徹曙，其驕貴如此。

棧槎：番禺民忽於海旁得古槎，長丈餘，闊六七尺，木理甚堅，取為溪橋。數年後，有僧過而識之，謂眾曰："此非久計，願舍衣缽資易為石橋。"即求此槎為薪，眾許之，得棧數千兩。

披香殿：漢宮闕名。

採香徑：吳王闔閭起響屧廊，採香徑。

柏香台：漢武帝作柏香台，以柏香聞數十裡。

三清台：王審知之孫昶，襲為閩王，起三清台三層，以黃金鑄像，日焚龍腦，熏陸諸香數斤。

沉香床：沙門支法存有八尺沉香床。

沉香亭：開元中，禁中初重木芍藥，即今牡丹也，得四本，紅、紫、淺紅、通白者，上因移植於興慶池東沉香亭前。敬宗時，波斯國進沉香亭子，拾遺李漢諫曰："沉香為亭，何異瓊台瑤室？"

沉香堂：隋越國公楊素大治第宅，有沉香堂。

沉屑泥壁：唐宗楚客，造新第，用沉香、紅粉，以泥壁，每開戶則香氣蓬勃。

檀香亭：宣州觀察使楊牧，造檀香亭子，初成，命賓樂之之。

五香席：石季倫作席，以錦裝五香，雜以五彩編蒲，皮綠。七香車：梁簡文帝詩云："青牛丹轂七香車。"

椒殿：《陳氏香譜》載："唐宮室志有椒殿椒房。"

椒房：《漢官儀》曰："後宮稱椒房，以椒塗壁也。"蘭湯：五月五日以蘭湯沐浴，浴蘭湯兮沐芳。

啖香：唐元載寵姬薛瑤英母趙娟，幼以香啖英，故肌肉悉香。

梅香：梅學士詢，性喜焚香。其在官所，每晨起將視事，必焚香兩爐，以公服罩之，撮其袖以出。坐定撒開兩袖，郁然滿室。焚香時，人謂之梅香。

三班吃香：三班院所領使臣八千餘人，涖事於外，其罷而在院者，常數百人，每歲乾元節，醵錢飯僧進香，合以祝聖壽，謂之香錢。京師語曰："三班吃香。"

焚香靜坐：人在家及外行，卒遇飄風暴雨震電昏暗大霧，皆諸龍神經過，入室閉戶焚香靜坐，避之不爾損人。

五、香料與宗教

中華文明在先秦時期逐步形成了天地崇拜，即敬天法祖的類宗教體系，後在春秋時期確立道教的雛形，在東漢時期佛教傳入，以及更晚時期傳入了伊斯蘭教、基督教。出於神佛崇拜的需要，香與宗教祭祀一直是密不可分的。一直到現在，燒香拜佛都是人們日常的口頭禪。

在先秦時期，蕭等芳香植物便被用於祭祀。當西域和東南亞的珍貴香料進入中原後，香料被大量用於祭祀禮佛。沉香、檀香、龍腦香、降真香等都被用於禮佛敬仙，唯獨麝香明確不可用於宗教祭祀。可能這是因為麝香是麝之不潔處取出的香物，被認為會污穢佛道的神聖和潔淨，所以棄而不用。

1. 香與道教

香在宗教中的用處，一是熏香、燒香，二是香浴。在漢代時，對道教仙家的敬香，主要用香爐熏焚香料，這就是所謂的"焚香"，後期則是用線香、盤香等焚燒敬仙；浴香是以香入湯，用於沐浴。

道家有一個特點，那就是非常提倡沐浴香湯。香湯，就是加入各種香料的熱水，用於洗澡。《太上洞玄靈寶無量度人上品妙經》云："道言，行道之日，皆當香湯沐浴。"

《太上素靈經》云："太上曰，兆之為道，存思《大洞真經》，每先自清齋，沐浴蘭湯。"

《仙公請問經》云："經泞不以香水洗沐，則魂魄奔落，為他鬼所拘錄。"

由此可見，道家對沐浴香湯的重視，幾乎到了遇事必沐香湯的地步。

道士們在煉製仙丹時也要"沐浴五香"。這所謂的五香，在《三皇經》中有解釋："凡齋戒沐浴，皆當盥汰五香湯。五香湯法，用蘭香一斛，荊花一斛，零陵香一斛，青木一斛，白檀一斛。凡五物，切之以水二斛五鬥，煮取一斛二鬥，以自洗浴也。此湯辟惡，除不祥，氣降神靈，用之以沐，並治頭風。"

還有一段記載為："天尊答曰：'五香者，一者白芷，能去三屍；二者桃皮，能辟邪氣；三者柏葉，能降真仙；四者零陵，能集靈聖；五者青木香，能消穢召真。此之五香，有斯五德。'"

以上兩段經文記載雖不完全一致，但零陵香、青木香都是有的。沐浴五香，還能夠獲得七福，能成七果。"七福因者，一者上善水，二者火薪，三者香藥，四者浴衣，五者澡豆，六者淨巾，七者蜜湯。此七福因，能成七果，一者常生中國，為男子身；二者身相具足；三者身體光明，眼瞳徹視；四者髭發紺青，圓光映項；五者唇朱口香，四十二齒；六者兩手過膝；七者心聰意慧，通了三洞經法。"

不僅如此，道家還專門定了"沐浴吉日"，以告誡信眾們按照黃道吉日和時辰去沐浴香湯，起到保健養生的作用。

> 正月十日，沐浴，令人齒堅。
> 二月八日，沐浴，令人輕健。
> 三月六日，沐浴，令人無厄。
> 四月四日，沐浴，令人無訟。
> 五月一日，沐浴，令人身光。
> 六月二十七日，沐浴，令人輕健。
> 七月二十五日，沐浴，令人進道。
> 八月二十二日，沐浴，令人無非禍。
> 九月二十日，沐浴，令人辟兵。
> 十月十八日，沐浴，令人長壽。
> 十一月十五日，沐浴，令人不憂畏。
> 十二月十三日，沐浴，得玉女侍房。

而在《老君河圖修身戒》中，更是將沐浴精確到了時辰，並認為沐浴可以了除自身過錯。這樣好的沐浴，豈能不及時跳進香湯中，享受一下。

　　　　正月十日人定時沐浴，除過無極。
　　　　二月八日黃昏時沐浴，除過二千。
　　　　三月六日日入時沐浴，除過三百。
　　　　四月十三日夜半時沐浴，除過二十。
　　　　五月一日日昳時沐浴，除過二十。
　　　　六月二十七日日中時沐浴，除過六百六十。
　　　　七月七日日中時沐浴，除過七百三十。
　　　　八月二十五日人定時沐浴，除過七十。
　　　　九月二十日日出時沐浴，除過九百六十。
　　　　十月二十八日平旦時沐浴，頭白返黑，壽同仙人，除過無極。
　　　　十一月四日雞鳴時沐浴，除過二十三。
　　　　十二月三十日夜半時沐浴，除過三千。

　　道家典籍很推崇用香，認為香可以感格鬼神，與上蒼溝通，起到辟邪驅魔的功效，也能使神仙愉悅。筆者認為，中國香文化的"香能養性"的觀念，應該是從道家對香文化的觀點中得來的。

　　《酉陽雜俎》記載，唐代同昌公主的葬禮上，唐懿宗讓道士們焚其霄靈香，擊歸天紫金磬，以引導公主靈魂升天。

　　道家還有專門在焚香時念的《祝香咒》："道由心學，心假香傳，香焚玉爐，心存帝前，真靈下盼，仙旆臨軒，令臣關告，徑達九天。"在這裡提出的心靈可以借助香而達到上天，與神仙真人溝通交流，與香席借助香而達到修持心性的觀點是一致的。

　　道觀中對焚香有一定的規儀，每一香爐焚一至三炷香，一般都為單數。燒三炷香表示"尊三清""三陽開泰"之意。三清，是指道教的最高的三位尊神——玉清元始天尊、上清靈寶天尊、太清道德天尊。焚香除表達敬意外，也是與神明直接溝通的方式和方法。焚香之前要先洗淨雙手，擺好供品；不能用口吹滅香火，需用左手將火焰扇小。焚香時，以雙手舉香膜拜神靈，口念自己的姓名、生辰和所祈之事，而後不分男女皆用左手插香，因右手多處理萬事，為不潔象徵。插香順序為中、右、左，如此即完成敬香。

在漢代、唐代和宋代皇帝的大力支持下，道教得以在中國發展，一些大的道觀經常被皇帝賞賜香料，包括沉香、乳香、檀香等珍貴名香。在宋代時，道士們喜歡用各種香料研磨成粉，做成一個個的珠子，穿孔後用繩串起來，稱為香珠。

道家最重視的香料是降真香。《列仙傳》云："燒之感引鶴降。醮星辰，燒此香妙為第一，小兒佩之能辟邪氣。"

道教慣常使用的香料大約有十種，分別是返風香、七色香、逆風香、天寶香、九和香、返魂香、天香、降真香、百和香、信靈香。各種香被賦予了不同的寓意，在不同的場合使用。比如《道書》明確說"檀香、乳香謂之真香，止可燒祀上真"。道家的香文化，對中國的文學創作有比較大的影響，類似返魂香、天香經常出現在古典小說裡。如《紅樓夢》中的天香樓，還有小說中經常出現吃一顆返魂香丹丸，立即起死回生，或者功力倍增的情節。

2. 香與佛教

與道家不同，佛家則最喜愛檀香，稱為"旃檀"。《西遊記》中的唐僧，最後就被如來佛祖封為旃檀功德佛。

《佛說戒香經》記載了這樣一個關於香的故事：

一天，尊者阿難來詣佛所。他對如來佛祖雙掌合十，尊敬地說："世尊，我有一些小小的疑問，想當面問您，希望世尊為我解說。我見世間有三種香，就是所謂的根香、花香、子香。這三種香遍佈一切地方。有風可以聞到，無風也可以聞到。其香云何？"

佛告訴阿難說："你想聞遍到處的香，你應該記得。有風無風，香遍十方。修持佛法淨戒施行諸多的善法行為，所謂不殺、不盜、不淫、不妄及不飲酒。如是戒香遍聞十方，這樣就是人們獲得如是之香。"

頌曰："世間所有諸花果，乃至沉檀龍麝香。如是等香非遍聞，唯聞戒香遍一切。旃檀郁金與蘇合，優缽羅並摩隸花。如是諸妙花香中，唯有戒香而最上。所有世間沉檀等，其香微少非遍聞。若人持佛淨戒香，諸天普聞皆愛敬。如是具足清淨戒，乃至常行諸善法。是人能解世間縛，所有諸魔常遠離。"

這個故事講述了佛教的觀點，行善是最好的戒香，是所有的香，是十方大千世界之香。不過，寺廟畢竟還有禮佛的儀式。在浴佛、開光大典、住持升座、每年的節慶等儀式上，佛家認為檀香是最上等的香，以檀香為最好的供佛香品。一些高僧大德也常常通過檀香之氣坐禪，以清心、寧神、排除雜念，既可靜養身心，又能達到沉靜、空靈的境界。

《華嚴經》記載了佛教的法華諸香：須曼那華香、闍提華香、末利華香、旃檀香、沈水香、多摩羅跋香、多伽羅香、曼陀羅華香、曼殊沙華香，這些佛家名稱的香一一都對應著歷代香譜中的各種香料。

兜婁婆香是《楞嚴經》中記載的一種香，云：「壇前別安一小爐，以此香煎取香水沐浴，其炭然，令猛熾。」

戒定香是僧人們坐禪入定的香，有幫助修煉的作用。「釋氏有定香、戒香，韓侍郎贈僧詩云，一靈令用戒香熏。」

《華嚴經》云：「從離垢出，若以塗身，火不能燒。」這句話指的是牛頭旃檀香。

另外包括《六祖壇經》《妙法蓮華經》等眾多經書，都記載了關於香的故事和用香修佛的方法，極為詳細地敘述了聞香入佛的法門，不同香的用法不同，其重要作用也有所區別。

由此可見，中國的道教和佛教對於香都極為推崇，而儒家更是將香和君子品性聯繫在一起，使香文化一直貫穿了整個中華文明的發展史。

第二編　香材

作為香文化的載體，能散發出妙曼香味的天然植物自然是香材的首選，但也不乏龍涎香、麝香這些來自動物的香料，在沉、檀、龍、麝四大名香之外，還有著為數眾多的香材，使得香文化呈現出令人驚歎的精緻與絢麗。

一、香品

1. 沉香

沉香被譽為眾香之首。

據《陳氏香譜》記載："按《南史》云：'置水中則沉，故名沉香。浮者，棧香也。'"顧名思義，沉香是因可以沉入水中而得名。但實際上沉香品級繁多，也有不沉入水的。按照丁謂在《天香傳》的分類，海南沉香可分為沉香、棧香、黃熟香、生結四個品級，這是所謂"四名"。其中棧香為半沉半浮的沉香，黃熟香為不沉之香。沉香為瑞香科瑞香屬的樹木，比如海南、廣東的白木香樹，越南、柬埔寨的蜜香樹，印尼、馬來西亞的鷹木香樹等，在受到外力傷害的情況下，如刀砍、蟲噬、猛獸抓咬等，在傷口處受到真菌感染，樹木產生治癒傷口的分泌物後與木質混合的形成物，經過二三十年的自然變化，木質色素呈現深色，這便是沉香。

丁謂對海南沉香研究很深，將其進行了極為細緻的劃分，比如上面的"四名"。根據外形的不

沉香樹（楊智攝）

同,又分為"十二狀"。沉香有烏文格、黃臘、牛目、牛角、牛蹄、雉頭、洎髀、若骨,棧香有昆侖梅格、蟲漏,黃熟香有傘竹格、茅葉。以上十二種形狀為熟香的區分。另外生結香還有一狀,叫作鷓鴣斑,意思是"色駁雜如鷓鴣羽也"。這種區分法,可以視為對熟香和生香的外形分類,自然成熟而脫落的沉香、棧香、黃熟香都是熟香。生結是還沒等香自然成熟脫落,採香人用刀剔下而得的香,看沉水與否,也分為生結沉香、生結棧香、生結黃熟香。

從形成過程看,沉香可以分為野生沉香和人工沉香。野生沉香是指在天然環境下,瑞香科樹木所形成的沉香,一般需要幾十年時間才能形成。人工沉香是指瑞香科樹木因為人為致傷所形成的沉香,由於結香時間太短,所以其品質不如野生沉香,一般只能做藥用,而不能用於香席品鑒。古代愛香之人還將產自廣東、廣西的白木香稱為"土沉香",也叫"莞香";海南島的沉香叫作"崖香";雲南的叫作"雲南沉香"。

如今,由於中國的野生沉香幾乎絕跡,因此市面上的野生沉香多為東南亞的沉香,分為越南的會安沉和印尼的星洲沉兩大類。而市場上按照形狀、品質、結香原因等細分下去,有倒架、包頭(包括新頭、老頭)、吊口、蟲漏、殼沉、鋸夾、水格、土沉、枯木沉、油皮、夾生等說法。其中的土沉是指沉香自然成熟脫落後,被埋入地下,經過長年累月的自然變化所形成的沉香。蟲漏是指被螞蟻等昆蟲咬噬而在傷口處形成的沉香。

另外,這裡需要注意兩個說法——水沉和沉水香。水沉,也叫"水格",是特指成熟脫落後浸泡在沼澤等水裡的沉香,一般形成的香更厚,面積更大,香味更濃。但印尼的水沉的香味不如會安的水沉,或許是因為印尼的沉香是鷹木所產的原因。水沉仔細品味起來可以感覺到一種泥潭氣息混雜其間，一般是品質比較好的上等沉香。而沉水香是指能沉水的沉香，包括了除棧香和黃熟香以外的沉香。這兩個概念是不一樣的。市場上一些商家往往有意或出於無知而混淆了這兩個概念。

還有一種沉香（也有說法為專門的樹產棋楠）叫作"棋楠"，也寫作"伽楠""奇楠"，是香中的極品，非常珍稀，卻不沉於水，半浮半沉，與棧香類似。在當今時代，能達到丁謂提出的"清遠深長"的品香標准，恐怕也只有棋楠才有此可能。與一般的沉香不同的是，棋楠由於含油脂量很大，可以自然散發出清香味，當焚

老撾野生沉香樹（楊智攝）

燒時，其香味具有前香和後香的變化，穿透力極強。棋楠比較軟，入口咀嚼會黏牙齒，有種麻涼感，而其他的沉香是硬的；在不燃燒時，一般不會發出香味。棋楠與其他沉香並生，從外觀上可分為綠棋（鶯歌綠）、紫棋（蘭花結）、黃棋（金絲結）、紅棋（糖結）、黑棋（鐵結）五種，以綠棋品質最優。

但值得注意的是，臺灣學者蕭元丁在《沉香譜》中提及：1870年法國植物學家皮埃爾在越南富國島和柬埔寨的 Aral 山發現類似沉香的新品種樹木，命名為"奇楠樹"。並且，越南曾經做過產地調查，也將奇楠樹單獨列出。這種樹附近一般都有螞蟻巢穴，產出的香哪怕體積很小，也是富含油脂、質地柔軟的棋楠香。而一般沉香屬的樹木所產會安沉香一般較硬，且通常不會產出棋楠。這一觀點與現在通常認為的"棋楠為沉香樹木所結沉香之極品"的觀點，有著天壤之別，意味著棋楠是一個新的香料，而非沉香。但是，筆者未見更多有說服力的證據，不敢輕易認同，只是將該觀點列出，以待更多有識之士研究。

除了上述沉香品類，從古至今，沉香還有很多名稱，容易混淆。比如番沉

香，是指來自越南、馬來西亞等地的域外沉香。葉庭珪說："氣礦而烈，價視真臘、綠洋減三分之二，視占城減半矣。"這種番沉香由於氣味不佳，一般只做藥用。

又比如青桂香，是指結香在樹皮處的沉香，所謂"依木皮而結，謂之青桂"。

角沉香，產於海南島等地，為生結，適於熏香。

人工種植的沉香樹（楊智攝）

黃臘沉，《陳氏香譜》記載為"削之自卷，嚼之柔韌者是"，這意味著黃臘沉應為黃棋，是"尤難得"而非常珍貴的。

水盤香，《倦遊錄》云："自枯死者謂之水盤香。"類似黃熟香，體積比較大，從東南亞運來，多用於雕刻佛像等擺件。

白眼香，是黃熟香的別名。葉子香，是比較薄的棧香的別名。

烏裡香、生香、交趾香都是對古代越南占城附近所產沉香的稱呼。

沉香在形成過程中，一般是依樹幹方向縱向形成，橫向紋路的很少。採香之人遇到橫向紋路的沉香，一般不願意採。因為他們認為這是叢林之王——老虎用爪子抓出來所形成的沉香，不能採，以免被老虎忌恨復仇。

在熱帶的原始森林裡，由於視野非常有限，尋找沉香是一件很困難，而且很危險的事情。就連沉香樹，由於和其他的樹木外表相近，也是很難發現的。越南當地的山民，對於在茫茫林海裡尋找沉香樹有豐富的經驗，他們可以根據一種鳥的叫聲，來判斷哪裡可能有沉香樹。當找到沉香樹後，再用刀剝開一塊樹皮，向上拉扯，如果有韌性，並且樹皮有特殊的香氣，那麼可以確定是沉香樹。這些採伐沉香的越南會安當地山民，被稱為"泰香族"。他們在進山採沉香之前，會齋戒沐浴，舉行祭祀儀式，祈求大山的庇護，祈求老虎的原諒，祈求能幸運地採到沉香並平安歸來。這些淳樸的泰香族人，對沉香是愛護的，對自然是敬仰的，他們有著世代相傳的規矩：對於枝葉茂密、樹身直、樹皮光滑的沉香樹不砍伐，因這類沉香樹一般不結香；每年6月到11月是開花、播種的季節，不可砍伐沉香樹，以讓沉香樹能繁衍下去；

對於已經有記號，示意為別人發現的沉香樹，不採。正是由於這些山民對於養育他們的大自然有著敬畏和愛護之情，越南沉香雖然經過上千年的採伐，至今還有資源。相比起來，海南沉香雖然品質最好，卻早在古代就因為朝廷的貪婪，沒有顧忌地濫採濫伐以致絕跡，現在只有人工種植的沉香樹。面對這樣的局面，不能不感到遺憾和慚愧。

2. 檀香

葉庭珪云："檀香出三佛齊國，氣清勁而易泄，爇之能奪眾香。"這裡說的檀香，就是熏香所用的白檀香，另外還有黃檀香和紫檀香。三佛齊國是指南蘇門答臘島的古國，古代盛產檀香，與中國長期交好，以檀香朝貢於中國。

嚴格意義上來說，用於熏香的檀香僅限於檀香科檀香屬的白檀香，而常見到的紫檀傢俱、海南檀則是豆科屬植物，與熏香用的檀香並非一物。

檀香樹是一種半寄生植物，屬常綠小喬木，成樹可高達十多米。檀香樹非常嬌貴，需要附著在其他豆科植物上，如紅豆、鳳凰樹等，才能生長存活，並且生長緩慢，要幾十年才能長大。其主要生長在印度東部、印尼、泰國、澳大利亞等地。《陳氏香譜》中記載，由於檀香樹性冷，夏天時常有蛇爬在樹枝上乘涼。當印度的取香之人在山谷林間無法分辨檀香樹與其他樹時，只要看見有蛇爬在這類樹上，便遠遠地射箭於樹幹上，等到冬天蛇蟄伏起來了，便去尋找有箭的樹木採伐檀香。

檀香取自於檀香樹的幹、根、枝，其香味來自材質裡所含的檀香醇油脂，主要以樹幹心材為主，根和枝

檀香樹

的香力不如樹幹。但剛砍伐下來時，氣味刺鼻並有腥臊味，因此，檀香在使用前需要先放置一段時間，以使氣味沉穩醇和。越老的檀香氣味越醇厚，越珍貴。印度和東南亞地區有的寺廟保存著放了上百年的檀香，常常被視為極品。品質最好的檀香要數印度老山檀，其特點是白色偏黃，油量大，氣味持久，香力勁道。

　　檀香單獨熏焚，氣味不是特別理想，不如沉香醇和清遠。因此，檀香最適宜與其他香料一起炮製，其香味可以達到非常理想的境界。由於佛家對檀香推崇備至，稱為"旃檀"，並以檀香為禮佛香之尊，因此中國的佛寺每逢重大節日或開光大典，都會熏焚檀香，以示對佛事的尊敬。

印度老山檀香粉 　　　　　　　　　龍腦香

3. 龍腦香

　　唐段成式《酉陽雜俎》云："(龍腦香樹出婆律)樹高八九丈，大可六七圍，葉圓而背白，無花實。其樹有肥有瘦，瘦者有婆律膏香，一曰瘦者出龍腦香，肥者出婆律膏也。"

　　這裡所說的婆律國，是指汶萊的加里曼丹島。段成式云："亦出波斯國。"其實，龍腦香樹分佈比較廣，以加里曼丹島、馬來半島和菲律賓最多，中國的雲南、廣西、廣東等地以及非洲也產。龍腦香是這種樹木的樹脂凝結起來形成的白色結晶物，古人將此稱作"龍腦"，也叫"冰片"。

　　龍腦香是樹中的結晶乾脂，入口有辛香味。段成式云："(香)在木心中，斷其樹劈取之，膏於樹端流出。"這裡所說的婆律膏，實際就是沒有結晶的樹脂。龍腦樹富含這種樹脂，鑿開樹幹，就會流出婆律膏，而且很容易點燃。天然環境下結晶形成的就是生龍腦。品質最好的是梅花龍腦，大而成片。其次是速腦，速腦之中有金腳。細碎的叫作"米腦"。在取龍腦的過程中，產生的木屑和米腦、碎腦混雜在一起，叫作"蒼龍腦"，可以治療風疹、面黑。取過龍腦香的杉板叫作"腦本"，古人將其與碎屑一起搗碎，放入瓷盆，用竹篾覆蓋其上，用炭灰烘烤瓷盆。這樣，殘留的樹脂會蒸發凝結於竹篾之上，形成晶體。這種加熱蒸餾法所提取的龍腦，稱為"熟龍腦"。

4. 麝香

又叫"當門子"，是麝的肚臍和生殖器之間的腺囊的分泌物，只有雄麝有。古人有云："沉檀龍麝。"這句話將麝香置於沉香、檀香、龍腦香之後，在林林總總的香料中，也可謂佔據了重要位置。

《陳氏香譜》記載："《唐本草》云：'生中台川穀及雍州、益州皆有之。'陶隱居云：'形類麞，常食柏葉及啖蛇，或於五月得者，往往有蛇骨。主辟邪、殺鬼精、中惡風毒，療蛇傷。多以當門一子真香，分揉作三四子，括取血膜，雜以餘物。大都亦有精粗，破皮毛共在裹中者為勝。'"

李商隱詩云："投岩麝退香。"說的是麝很愛惜自己的臍，遇到追逐時，會踢出自己的香囊，而保護自己的臍。

麝是一種像鹿但比鹿小的食草動物，中國大多數山區都有分佈，尤其是四川西北部的山區較多。一般每年 11 月間獵得者品質較佳，此時它的分泌物濃厚。捕獲後，將雄麝的臍部腺囊連皮割下，撿淨皮毛等雜質，陰乾，然後將毛剪短，即為"整香"；挖取內中香仁稱"散香"。現在已經有了活取麝香的方法，取香後麝能繼續存活並能再生麝香，而且生長速度也較快。

麝香

麝香有強烈的香氣，一般也作為合香用。筆者小時候也見過家裡保存的一點麝香粉，經常拿出來聞，的確有著一股非常強烈的有刺激性的香味。

5. 龍涎香

葉庭珪云："龍涎，出大食國。……然龍涎本無香，其氣近於燥，白如百藥煎而膩理，黑者亞之，如五靈脂而光澤，能發眾香，故多用之以和香焉。"

葉庭珪是南宋時期福建人 從紹興十八年至二十一年（1148年—1151年）任泉州軍州事。當時的泉州是海外貿易的集散地，極為繁華，海外的香料也多從泉州入貢宋朝。葉庭珪的這段仕途經歷也為他接觸海外珍稀香料提供了機會，否則，像龍涎香這種極為珍惜的香料，斷難得見。

龍涎香，也叫"阿末香"，產於阿拉伯半島沿海地區和東非沿海，一般都為漁民在海邊偶然拾得，是抹香鯨大腸末端或直腸端類似結石的病變分泌物。這種分泌物焚燒時產生的香氣持久。據傳說，龍涎香的煙氣可以用剪刀剪斷，而其餘煙氣仍然滯留空中。南宋著名地理學家周去非在《嶺外代答》中寫道："和香而用真龍涎，焚之一銖，翠煙浮空，結而不散，座客可用一剪分煙縷。"另外，《陳氏香譜》云："真龍涎，燒之，置杯水於側，則煙入水，假者則散，嘗試之，有驗。"這些都說明龍涎香的煙氣特別持久而凝重。

自古以來，中國就不產龍涎香。由於此香極為稀有，歷來被朝廷禁止買賣，只能由皇家獨享。當抹香鯨剛排出龍涎香時，其通體為淺黑色或灰黑色，飄浮在海面上經日曬雨淋、風吹浪打，會漸漸變為淺灰色。如果經過上百年的海水浸泡，香體裡的雜質全部排出，才會變為白色，這便是頂級的龍涎香。龍涎香中含有龍涎甾，混入香水塗抹於皮膚上會形成一層薄膜，這樣香味會持續很多天不消散。

龍涎香

這持久性，其實正是龍涎香令人驚歎之處。

鑒定真假龍涎香，可以用燒紅的針刺入龍涎香體，立刻抽出，如果針尖上帶有一滴融化的香液，則為真龍涎；凡是不容易刺入，或者刺入後有黏著感，或者是抽出後不帶香液的，則肯定為假龍涎。

龍涎香一直是最昂貴的香料，與黃金同價。《明季稗史彙編》記載："諸香中，龍涎最貴重。廣州市值，每兩不下百千，次等亦五六十千，系番中禁榷之物。"百千，可能是指一百兩紋銀，因一兩紋銀等於一千文銅錢，故一百兩紋銀也稱作"百千"。這個記載證明，在明朝時，品質好點的龍涎香每兩起碼值一百兩紋銀，品質差一些的也要五六十兩銀子，足見龍涎香的珍貴。

6. 降真香

降真香在《陳氏香譜》中有所記載："《南州記》云：'生南海諸山，大秦國亦有之。'《海藥本草》云：'味溫平，無毒。主天行時氣，宅舍怪異，並燒之有驗。'《列仙傳》云：'燒之感引鶴降。醮星辰，燒此香妙為第一。小兒佩之能辟邪氣。狀如蘇枋木，然之初不甚香，得諸香和之則特美。'葉庭珪云：'出三佛齊國及海南，其氣勁而遠，能辟邪氣。泉人每歲除，家無貧富皆爇之如燔柴。雖在處有之，皆不及三佛齊者。一名紫藤香，今有蕃降、廣降之別。'"

降真香是豆科植物降香檀的樹幹或樹根的心材部分，氣微香，味苦，焚燒時香氣濃郁，主要與沉香、檀香合用，用以提純沉檀香氣，使之更加醇和。

由於古人認為降真香"燒之感引鶴降"，用於祈神辟邪最妙，所以道家極為推崇此香。在古代，泉州人每到除夕之夜，幾乎家家戶戶都要焚燒降真香，以驅邪除晦。

7. 安息香

據《陳氏香譜》載："《本草》云：'出西戎，樹形似松柏，脂黃色為塊。新者亦柔韌，味辛、苦，無毒，主心腹惡氣、鬼疰。'《酉陽雜俎》曰：'出波斯國，其樹呼為辟邪。樹長三丈許，皮色黃黑，葉有四角，經冬不凋。二月有花，黃色，心微碧，不結實。刻皮出膠如飴，名安息香。"

意思是，安息香產於西域等地，樹的形狀像松柏，樹脂為黃色的塊狀，新產的樹脂比較柔韌。味道辛苦無毒，可以治療心腹疾患、氣不順。另外，《酉陽雜俎》裡說，安息香產自波斯國，稱為"辟邪樹"，高約三丈，皮色黃黑，葉片有四個角，冬天不凋謝，每年二月開黃花，花心有些微微的綠色，不結果實，刻樹皮會流出像糖漿一樣黏稠的脂，被稱為"安息香"。

安息香與甲香、龍涎香等一樣，不適宜單獨焚燒，而主要用於炮製和香，起到增強主香穩定性和調製氣味的作用。

8. 熏陸香

也作薰陸香。據《陳氏香譜》載："《廣志》云：'生海南。'又僻方注曰：'即羅香也。'《海藥本草》云：'味平溫，毒，清神。一名馬尾，香是樹皮鱗甲，採複生。'《唐本草》云：'出天竺國及邯祁，似楓松脂，黃白色。天竺者多白，邯祁者夾綠色，香不甚烈，微溫。主伏屍、惡氣，療風水腫毒。'"

意思是，《廣志》記載，熏陸香生於海南。另有偏方說，其就是羅香。《海藥本草》說，熏陸香味道平和，性溫，有毒性，能清神。又叫"馬尾香"，其樹皮像鱗甲一樣，將樹皮割傷後，可以採集到樹脂，便是熏陸香。《唐本草》中說：熏陸產自印度及邯祁，像楓樹的脂，黃白色。印度地區的大多是白色，邯祁的有些泛綠，香味淡，性溫和，此物可以治療風水腫毒等疾病。

9. 乳香

據《陳氏香譜》載："《廣志》云：'即南海波斯國松樹脂，有紫赤色如櫻桃者，名曰乳香，蓋熏陸之類也。仙方多用辟邪，其性溫，療耳聾、中風、口噤、婦人血、風，能發酒，治風冷，止大腸泄僻，療諸瘡癤，令內消。今以通明者為勝，目曰滴乳。'"

葉庭珪云："一名熏陸香，出大食國之南數千里深山窮穀中，其樹大抵類松，以斤斫樹，脂溢於外，結而成香，聚而為塊，以象輦之，至於大食。大食以舟載，易他貨於三佛齊，故香常聚於三佛齊。三佛齊每歲以大舶至廣與泉。廣、泉二舶視香之多少為殿最。而香之品十有三：其最上品者為揀香，圓大如乳頭，俗所謂滴乳是也；次曰瓶乳，其色亞於揀香；又次曰瓶香，言收時量重置於瓶中，在瓶香之中又有上中下三等之別；又次曰袋香，言收時只置袋中，其品亦有三等；又次曰乳搨，蓋香在舟中鎔搨在地，雜以沙石者；又次黑搨，香之黑色者；又次曰水濕黑搨，蓋香在舟中為水所浸漬，而氣變色敗者也；品雜而碎者曰斫削；簸揚為塵者，曰纏末。此乳香之別也。"

其實，乳香和熏陸香是同一種香料，也叫"塌香""多伽羅香""天澤香"。原產地是東非衣索比亞沿海，廣布於北非的阿拉伯地區。由於被大食商人販運，被誤認為產於大食，再由海船運到三佛齊，並通過朝貢貿易進入中國。

10. 甲香

也叫"水雲母""海月"，為蠑螺科動物蠑螺或其近緣動物的掩厴。蠑螺，其殼大而結實，內面略平坦，顯螺旋紋，有時附有棕色薄膜狀物質；外面隆起，有顯著或不顯著的螺旋狀隆脊，凹陷處密佈小點狀突起；質堅硬而重，斷面不平滑；氣微，味鹹。《唐本草》記載："蠡類，生雲南者大如掌，青黃色，長四五寸，取殼燒灰用之。南人亦煮其肉啖。今合香多用，謂能發香，複聚香煙。"溫子皮說，如果沒有甲香，可以用鸚殼代替，鸚的尾巴最好。

11. 零陵香

又叫"熏草""蕙草"等，即常與"蘭"並稱的"蕙"。屈原《離騷》"扈江離與辟芷兮，紉秋蘭以為佩"中的"蘭"指的就是這種香草。《山海經》記載其可以治療瘟疫，是中國古代使用極為廣泛的一種香草。早在先秦時期就被用於熏焚，以祛除傳染性疾病，清新室內空氣。

12. 蘭香

《川本草》云："味辛平，無毒，主利水道，殺蟲毒，辟不祥。一名水香，生大吳池澤，葉似蘭，尖長有岐，花紅白色而香，俗呼為鼠尾香。煮水浴，治風。"意思是，蘭香的味道有辛味，平和，無毒，利小便，能殺蟲辟邪。又叫"水香"，產於吳地池塘沼澤，葉片像蘭花，尖而有分叉，花有紅白色，有香味，俗稱"鼠尾香"。如果用來煮水沐浴，可以治療風邪。

13. 迷迭香

《廣志》云："出西域，魏文侯有賦，亦嘗用。"迷迭香味辛溫，無毒，多用於熏衣物，祛除異味。

在歐洲，迷迭香被稱為"聖母瑪利亞的玫瑰"，廣泛種植於教堂周圍。傳說聖母瑪利亞帶著耶穌逃往埃及時，曾經將洗好的衣物掛在迷迭香上，因此迷迭香氣味高貴，具有神的力量。

中國的魏文帝曹丕甚愛迷迭香，寫過《迷迭香賦》，他在《迷迭香賦》序中說："余種迷迭於中庭，嘉其揚條吐香，馥有令芳，乃為此賦。"

迷迭香賦

曹丕

生中堂以游觀兮，覽芳草之樹庭。
重妙（葉）於纖枝兮，揚修幹而結莖。
承靈露以潤根兮，嘉日月而敷榮。
隨回風以搖動兮，吐芬氣之穆清。
薄西夷之穢俗兮，越萬里而來征。
豈眾卉之足方兮，信希世而特生。

有趣的是，曹丕的弟弟曹植，才華橫溢，也寫過一篇《迷迭香賦》。他在《迷迭香賦》序中說："迷迭香出西蜀，其生處土如渥丹。過嚴冬，花始盛開；

開即謝，入土結成珠，顆顆如火齊，佩之香浸入肌體，聞者迷戀不能去，故曰迷迭香。"

迷迭香賦

曹植

播西都之麗草兮，應青春而凝暉。
流翠葉於纖柯兮，結微根於丹墀。
信繁華之速實兮，弗見凋於嚴霜。
芳暮秋之幽蘭兮，麗昆侖之英芝。
既經時而收采兮，遂幽殺以增芳。
去枝葉而特禦兮，入綃縠之霧裳。
附玉體以行止兮，順微風而舒光。

14. 蘇合香

《神農本草》云："（蘇合香）生中台州穀。"《西域傳》云："大秦國……人合香謂之香，煎其汁為蘇合油，其津為蘇合油香。"蘇合香為金縷梅科植物蘇合香樹所分泌的樹脂，又名"帝膏"。早在東漢時期就進入中國，為達官貴人所喜愛，就連大將軍竇憲也曾經托班固幫著買蘇合香。蘇合香主要做藥用，而未見用於熏香。

15. 木犀香

《向余異苑圖》云："岩桂，一名七裡香，生匡廬諸山谷間。八九月開花，如棗花，香滿岩穀。採花陰乾以合香，甚奇。其木堅韌，可作茶品，紋如犀角，故號木犀。"

木犀香便是大家常見的桂花。古人見其生長在山裡岩石間，便叫作"岩桂"。它和蘭、蕙一樣，都是我國原產的，早在先秦時期就被用於熏焚或佩戴了。

16. 顫風香

據《陳氏香譜》記載："此香乃占城之至精好者。蓋香樹交枝曲幹，兩相憂磨，積有歲月，樹之精液菁英結成。伐而取之，老節油透者亦佳，潤澤頗類蜜清者最佳。熏衣可，經累日香氣不止。今江西道臨江路清江鎮，以此香為香中之甲品，價常倍於他香。"

這段文字比較簡單，無法判斷此香是否為沉香的一種。但從產地為越南占城，並且是樹枝間互相摩擦產生傷痕所致來看，這與沉香的結香原理有相似性，沉香也是因為有傷痕而導致細菌侵入而結香。所以，筆者猜測這種顫風香可能是沉香的一種。

17. 大食水

據《陳氏香譜》記載："此香即大食國薔薇露也，本土人每早起，以爪甲於花上取露一滴，置耳輪中，則口眼耳鼻皆有香氣，終日不散。"

這種薔薇露實際是阿拉伯人用蒸餾法提取的薔薇水，是中國人最早接觸的香水。五代時的番將蒲訶散向皇帝敬獻了 15 瓶，此後就很少有進貢此物的了。在唐朝時，很多大食人來到長安定居，有的還在中國結婚生子，世代繁衍下去，正是他們將阿拉伯蒸餾技術傳到了中原地區。因薔薇水是靠這種蒸餾技術得以提純的，所以才叫"大食水"。這種蒸餾法還可以提取茉莉花油和玫瑰油。

二、合香

　　由南北朝時期的範曄所著的《和香方》已經遺憾，對於古代合香的研究不能不說是一大遺憾。不過，從保存下來的序言可以看出，古人對於各種香料的品性都已瞭解得比較透了。

　　《和香方序》載："麝本多忌，過分必害；沉實易和，盈斤無傷；零藿燥虛，詹糖粘濕，甘松、蘇合、安息、郁金、捺多和羅之屬，並被珍於外，無取於中土。又棗膏昏蒙，甲煎淺俗，非惟無助於馨烈，乃當彌增於尤疾也。"在這裡，範曄明確指出麝香有很多副作用，如果量多了，肯定有害。而沉香的品性醇和，多一些是不會有害的。棗膏昏蒙，甲煎的氣味淺俗，不但對香氣無助，反而倍感厭惡。

　　陳敬在其《陳氏香譜》中記載："合香之法，貴於使眾香鹹為一體。麝滋而散，撓之使勻；沉實而腴，碎之使和；檀堅而燥，揉之使膩。比其性，等其物，而高下，如醫者，則藥使氣味各不相掩。"

　　從以上兩位香學大家的真知灼見可以看出，所謂合香，就是將各種香料分別以適合的方式研磨，再以一定的比例調製在一起，這樣做出的香味各有側重。這種調製常常採用中藥的炮製法，以除去香中的毒副作用。

　　炮製，分為火制、水制、水火合制，目的是祛除雜質和毒性，導順治逆，發揮出藥材的療效。早在漢代，炮製的方法就被用於合香。因為各種香料都有一些毒性和副作用，炮製可以去其糟粕，取其精華，使得香味更純正。

　　火制是將生藥放在鍋裡翻炒至熟。炮製時講究火候，小了不熟，藥力無法正常發揮，內含的某些毒性不能去除；火候過了則藥焦黑，藥效全無。火制主要有炒、炙、煅、煨等方法。炒是將藥物置鍋中不斷翻動，炒至一定程度，有炒黃、炒焦、炒炭的不同，使藥材便於粉碎加工，並有緩和藥性的作用。炙是用液體輔料拌炒藥物，能改變藥性，增強療效，減少副作用。煅是將藥物用猛火直接或間接煅燒，使藥物易於粉碎，充分發揮療效。煨是用濕麵粉或濕紙包裹藥物，置熱火炭中加熱的方法，可減少烈性和副作用。

　　水制，是用水或其他液體輔料處理藥材，稱為水制法。水制的目的主要是清潔藥物、軟化藥物、調整藥性。常用的有淋、洗、泡、漂、浸、潤、水飛等水制法。漂洗是將藥物置於寬水或長流水中，反復換水，以去掉腥味或鹽分。浸泡是將藥物置於水中浸濕立即取出，或將藥物置於清水或輔料藥液中，使水分滲入，藥材軟化，除去藥物毒性。潤是根據藥材質地的軟硬，用淋浸、洗潤、浸潤等方法，使藥物軟化，便於切制飲片。水飛是將研細的礦石類藥物，放入水中，提取上清部分再沉澱，如水飛朱砂、珍珠、爐甘石等，其目的是內服時更易吸收，外用時可以減少刺激性。

　　水火共制是用水又用火的炮製方法，主要有蒸、煮、燀、淬等。蒸是利用水蒸氣隔水加熱藥物，有增強療效，緩和藥性的作用。煮是將水或液體輔料同藥物共同加熱，可增強療效，減小副作用。燀是將藥物快速放入沸水中，立即取出，目的是在保存有效成分的前提下除去非藥用部分。淬是將藥物燒紅後，迅速投入冷水或液體輔料中，使其酥脆的方法。淬後不僅易於粉碎，且輔料被其吸收，可發揮預期療效。

　　具體說到香料的炮製，就比中藥的炮製要求更高了，無論水制火制，都要求恰到好處，否則影響香味的正常發揮，甚至失去香味。

　　首先，香料需要進行清理和粉碎處理。包括揀、摘、揉、刮、切、搗、碾、剉等方法，袪除香材中的雜質，並將香材粉碎。對於此，葉庭珪說："香不用羅量其精粗，搗之使勻。太細則煙不永，太粗則氣不和。若水麝婆律，須別器研之。"葉庭珪所說的粗和細，主要是針對香料要適合熏焚之用說的，意味著香材的處理，要以保持或者增強其香味為要。

　　比如，陳敬在《陳氏香譜》中說，對於乳香，一般是和燈草、糯米等一起研磨，但用水浸入缽中研磨起來很麻煩。如果用紙包裹起來，放進牆壁縫隙裡，許久之後取出，就很方便研磨了。

　　龍腦則"須別器研細，不可多用，多則撩奪眾香"。麝香研磨時，加入一些水，自然就研磨細了，做合香時不能加多了，另外供奉神佛的香中不能加麝香。

檀香的炮製，必須先選出真檀香，剉如和米粒一樣大小，用少許慢火炒，等到出紫色的煙，不再有腥氣才可以。

古人炮製沉香時，要先細剉，用絹袋盛，懸在一種叫作銚子的陶器之中，不能著底。然後，用蜜水浸泡，慢火煮一天，水乾了再加蜜水。到陳敬寫《陳氏香譜》時的南宋，已經比較多直接使用，不再用古法蜜煉了。

對於藿香、甘松、零陵香這一類的香草，則揀去雜梗，曬乾後揉碎，用簸箕抖揚去塵土就可以了。不可以用水泡，否則有損香味。

甲香的煉製方法比較多，比如先後用炭汁、稀泥、酒煮，煮乾後加入蜜，烘烤成黃色。有的還用淘米水反復煮兩天兩夜。這樣才能去掉甲香中的異味和毒性，用於合香之中時，才不會擾亂其他香的品質。

在香炮製好後，需要存放在乾燥清潔的陶器瓦罐中，罐口用蠟封上，以免香氣洩漏。再將陶器瓦罐埋入地窖，坑深三五寸。等過一個月後取出，這些香料的味道就變得醇和怡人了。

以下挑選了《陳氏香譜》中比較重要的合香方以供鑒賞：

定州公庫印香

篆香一兩，檀香一兩，零陵香一兩，藿香一兩，甘松一兩，茅香半兩，大黃半兩，右杵羅為末，用如常法。凡做印篆，須以杏仁末少許拌香，則不起塵，及易出脫，後皆仿此。

這裡說到一個做篆香的訣竅，就是在香粉中加入一點杏仁末，和勻，這樣將篆香木范提起時，不會讓香粉飛揚，並且容易取出，不會造成香粉形狀坍塌。

和州公庫印香

沉香十兩，檀香八兩，零陵香四兩，生結香八兩，藿香葉四兩，甘松四兩，草茅香四兩，香附子二兩，麻黃二兩，甘草二兩，麝香七錢，焰硝半兩，乳香二兩，龍腦七錢。右除腦麝乳硝四味別研外，餘十味皆焙乾，搗細末，盒子盛之，外以紙包裹，仍常置暖處，旋取燒用。切不可洩氣，陰濕此香。於幃帳中燒之悠揚，作篆熏之亦妙。別一方，與此味數分兩皆同，惟腦麝焰硝各增一倍，章草香須白茅香乃佳。每香一兩，仍入制過，甲香半錢，本太守馮公義子宜所制方也。

百刻印香

箋香三兩，檀香二兩，沉香二兩，黃熟香二兩，零陵香二兩，藿香二兩，土草香半兩，茅香二兩，盆硝半兩，丁香半兩，制甲香七錢半，龍腦少許，右同末之，燒如常法。

資善堂印香

棧香三兩，黃熟香一兩，零陵香一兩，藿香葉一兩，沉香一兩，檀香一兩，白茅花香一兩，丁香半兩，甲香三分，龍腦三錢，麝香三錢，右件羅細末，用新瓦罐子盛之。昔張全真參故傳張德遠丞相甚愛此香，每一日一盤，篆煙不息。

這裡的"羅細末"是指用羅篩出細末用。

龍腦印香

檀香十兩，沉香十兩，茅香一兩，黃熟香十兩，藿香葉十兩，零陵香十兩，甲香七兩半，盆硝二兩半，丁香五兩半，棧香三十兩，右為細末，和勻，燒如常法。

又方（即另一種合香方法）：夾棧香半兩，白檀香半兩，白茅香二兩，藿香一錢，甘松半兩，乳香半兩，棧香二兩，麝香四錢，甲香一錢，龍腦一錢，沉香半兩，除龍麝乳香別研外，余皆羅細末，拌和令勻，用如常法。

乳檀印香

黃熟香六斤，香附子五兩，丁香皮五兩，藿香四兩，零陵香四兩，檀香四兩，白芷四兩，棗半斤，茅香二斤，茴香二兩，甘松半斤，乳香一兩，生結香四兩，右搗羅為細末，燒如常法。

供佛印香

棧香一斤，甘松三兩，零陵香三兩，檀香一兩，藿香一兩，白芷半兩，茅香三錢，甘草三錢，蒼龍腦三錢，右為細末，如常法點燒。

無比印香

零陵香一兩，甘草一兩，藿香葉一兩，香附子一兩，茅香二兩，右為末，每用先於花模，參紫檀少許，次布香末。

水浮印香

柴灰一升，黃蠟二塊，右同入鍋內，炒蠟盡為度，每以香末脫印，如常法，將灰於面上攤勻，次裁薄紙，依香印大小，襯灰覆放敲下，置水盆中，紙沉去，仍輕來以紙炷點香。

寶篆香

沉香一兩，丁香皮一兩，藿香一兩，夾棧香二兩，甘松半兩，甘草半兩，零陵香半兩，甲香半兩，紫檀三兩，焰硝二分，右為末和勻，作印時旋加腦麝各少許。

丁公美香篆

乳香半兩，水蛭三錢，王癸蟲郁金一錢，定風草半兩，龍腦少許，右除龍腦乳香別研外，餘皆為末，然後一處勻和，滴水為丸，如桐子大，每用先以清水濕過手，焚香煙起時，以濕手按之，任從巧意，手常要濕，歌曰："乳蛭任風龍鬱煎，手爐爇處發祥煙。竹軒清下寂無事，可愛翛然迎晝

漢建甯宮中香

黃熟香四斤，白附子二斤，丁香皮五兩，藿香葉四兩，零陵香四兩，檀香四兩，白芷四兩，茅香二斤，茴香二斤，甘松半斤，乳香一兩，生結香四兩，棗子半斤，一方入蘇合油一錢，右為細末，煉蜜和勻，窨月餘，作丸或爇之。

唐開元宮中方

沉香二兩，檀香二兩，麝香二錢，龍腦二錢，甲香一錢，馬牙硝一錢，右為細末，煉蜜和勻，窨月餘，取出旋入腦麝，丸之或作花子，爇如常法。

江南李主帳中香

沉香一兩（剉細如炷大），蘇合香，右以香投油，封浸百日，爇之，入薔薇水更佳。

又方：沉香一兩，鵝梨十枚，右用銀器盛，蒸三次，梨汁乾即可爇。

又方：沉香末一兩，檀香末一錢，鵝梨十枚，右以鵝梨刻去瓤核，如甕子狀，入香末，仍將梨頂簽蓋蒸三溜，去梨皮，研和令勻，久窨可爇。

又方：沉香四兩，檀香一兩，蒼龍腦半兩，麝香一兩，馬牙硝一錢，右細剉不用羅，煉蜜拌和燒之。

宣和禦制香

沉香七錢，檀香三錢，金顏香二錢，背陰草、朱砂二錢半，龍腦一錢，麝香、丁香各半錢，甲香一錢，右用皂兒白水浸軟，以定盌一隻慢火熬，令極軟。和香得所，次入金顏腦麝研勻，用香蠟脫印，以朱砂為衣，置於不見風日處，窨乾，燒如常法。

趙清獻公香

白檀香四兩，乳香纏末半兩，玄參六兩，右碾取細末，以熟蜜拌勻，入新瓷罐內封窨十日，爇如常法。

後蜀孟主衙香

沉香三兩，棧香一兩，檀香一兩，乳香一兩，甲香一兩，龍腦半錢，麝香一錢，右除龍麝外，用稈末入炭，皮末樸硝各一錢，生蜜拌勻，入瓷盒，重湯煮十數，沸取出，窨七日，作餅，爇之。

雍文徹郎中衙香

沉香、檀香、棧香、甲香、黃熟香各一兩，龍麝各半兩，右搗羅為末，煉和勻，入瓷器內密封，埋地中一月方可爇。

蘇內翰貧衙香

白檀香四兩，乳香五粒，麝香一字，玄參一錢，右先將檀香杵粗末，末次將麝香細研，入檀香，又入麩炭細末一兩，借色與玄乳同研，合和令勻，煉蜜，作劑入瓷器罐，蜜封埋地一月。

錢塘僧日休衙香

紫檀四兩，沈水香一兩，滴乳香一兩，麝香一錢，右搗羅細末，煉蜜，拌入和勻，圓如豆大，入瓷器久窨可爇。

衙香

沉香半兩，白檀香半兩，乳香半兩，青桂香半兩，降真香半兩，甲香半兩，龍腦半兩，麝香半兩，右搗羅細末，煉蜜，拌勻，次入龍腦麝香，攪和得所如常爇之。

延安郡公蕊香

玄參半斤，甘松四兩，白檀香二錢，麝香二錢，的乳香二錢，右並用新好者杵羅為末，煉蜜和勻，丸如雞豆大，每藥末一兩入熟蜜一兩，末丸前再入臼杵百餘下，油紙蜜封，貯瓷器，施取燒之作花氣。

宣和貴妃黃氏金香

占臘沉香八兩，檀香二兩，牙硝半兩，甲香半兩，金顏香半兩，丁香半兩，麝香一兩，片白腦子四兩，右為細末，煉蜜先和前香，後入腦麝為丸，大小任意，以金箔為衣，爇如常法。

古龍涎香

沉香半兩，檀香、丁香、金顏香、素馨花各半兩，木香、黑篤實、麝香、各一分，顏腦二錢，蘇合油一字許，右各為細末，以皂子白濃煎成膏，和勻，任意造作花子。佩香及香環之類，如要黑者入杉木烰炭少許，拌沉檀同研，卻以白芨極細作末，少許熱湯調，得所將篤耨蘇合油同研。香如要作軟者，只以敗蠟同白膠香少許，熬放冷，以手搓成鋌。

又方：占蠟沉十兩，拂手香三兩，金顏香三兩，蕃梔子二兩，梅花腦一兩半，龍涎香二兩，羅為細末，入麝香二兩，煉蜜和勻，撚餅子爇之。

白龍涎香

檀香一兩，乳香五錢，右以寒水石四兩煅過，同為細末，梨汁和為餅子，焚爇。

香球

石芝、艾納各一兩，酸棗肉半兩，沉香一分，甲香半錢，梅花龍腦半錢，麝香少許，右除腦麝同搗細末，研棗肉為膏，入熟蜜少許，和勻，撚作餅子，燒如常法。

李王帳中梅花香

丁香一兩一分，沉香一兩，紫檀半兩，甘松半兩，龍腦四錢，零陵香半兩，麝香四錢，制甲香三分，杉松麩炭四兩，右細末，煉蜜和勻，丸窨半月，取出爇之。

梅花香

苦參四兩，甘松四錢，甲香三分，麝香少許，右細末，煉蜜為丸，如常法爇之。

又方：沉香、檀香、丁香各一分，丁香皮三分，樟腦三分，麝香少許，右除腦麝二味乳缽細研，入杉木炭煤四兩，共香和勻，煉白蜜拌勻，撚餅入無滲瓷器窨，久以銀葉或雲母襯燒之。

李元老笑蘭香

揀丁香、木香、沉香、檀香脂、肉桂、回紇、香附子各一錢，麝香、片白腦子各半錢，南硼砂二錢，右煉蜜和勻，更入馬勃二錢許，搜拌成劑，新油單紙封裹入磁盒，窨一百日取出，旋丸如豌豆狀，撚之漬酒，名洞庭春。

瑞龍香

沉香一兩，占城麝檀、占城沉香各三錢，迦蘭木、龍腦各二錢，大食梔子花、龍涎各一錢，檀香、篤耨各半錢，大食水五滴，薔薇水不拘多少，右為極細末，拌和令勻，於淨石上撻，如泥入模脫。

蜀主熏禦衣香

丁香、棧香、沉香、檀香、麝香各一兩，甲香三兩，右為末，煉蜜放冷，令勻，入窨月餘，用如常。

龍涎香珠

大黃一兩半，甘松一兩三錢，川芎一兩半，牡丹皮一兩三錢，藿香一兩三錢，三奈子一兩三錢，白芷二兩，零陵香一兩半，丁香皮一兩三錢，檀香三兩，滑石一兩三錢，白芨六兩，均香二兩，白礬一兩三錢，好棧香二兩，秦皮一兩三錢，樟腦一兩，麝香半字，右圓曬如前法，旋入龍涎腦麝。

除了以上摘錄的合香之外，還有許多香方，包括宮廷和內府所創的香方，也有制香世家的獨門合香，林林總總，令人歎為觀止。難能可貴的是，古人除了將香用於熏焚外，還將合香之法用於制茶，並記錄下來，為我們提供了另一種品味沉香之美的樂趣。

這種香茶的配方為："上等細茶一斤，片腦半兩，檀香三兩，沉香一兩，舊龍涎餅一兩，縮砂三兩，羅為細末，以甘草半斤，剉水一碗半，煎取淨汁一碗，入麝香末三錢，和勻，隨意作餅。"

還有一種有名的香茶叫"經進龍麝香茶"，配方為："白豆蔻一兩，白檀末七錢，百藥煎五錢，寒水石五分，麝香四錢，沉香三錢，片腦二錢半，甘草末三錢，上等高茶一斤，右為極細末，用淨糯米半升煮粥，以密佈絞取汁，置淨盌內放冷，和劑不可稀軟，以鞕為度。於石版上杵一二時辰，如粘，用小油二兩煎沸，入白檀香三五片，脫印時以小竹刀刮背上令平。"

香茶起源於宋代。除了上面的配方外，還有許多配方，但最核心的原料應該是龍腦香。最為著名的香茶是福建的"北苑貢茶"，有"前丁後蔡"的說法。"前丁"為丁謂，"後蔡"為蔡襄。丁謂在任福建轉運使時對北苑貢茶進行改造，先後造龍鳳團茶，並以香入茶，在進獻皇室的茶中加入龍腦，使北苑貢茶芳香可口，滿屋飄香，名聲大震，從此深得皇家喜愛。後蔡襄任福建轉運使，改制龍鳳團茶為小龍鳳團茶，被譽為珍品，成為當時官宦爭購的寶貝。

除了皇家以外，當時的民間也在造香茶。他們將上等的好茶葉，加入菊花、玫瑰、茉莉之類的香花，再混合進龍腦、沉香，最後製成茶餅，或者是將龍腦等香料與茶餅一起裝入密封的瓦罐裡窖藏，等三天以後取出。這樣的茶芳香四溢，對人體極為有益，可以提神醒腦，舒緩心情，增強免疫力，改善體質，是一種極好的保健養生茶。

香茶極具保健作用，相信在不久的將來，會成為一種新的保健品而風靡全國。

三、沉香鑒別

當代用於香席和香道的沉香，推崇使用野生沉香，以體現沉香的奇妙香氣。不過，由於野生沉香稀少，市面上能見到的野生沉香很少，一些不法商家趁機以假冒偽劣的人工沉香，或者是白香木作偽，以冒充天然的野生沉香，這種情況已經到了氾濫的程度。更有甚者，直接用竹子經浸泡香油後，加工成珠子做成佛珠手鏈，當野生沉香賣。尤其是一些高仿品，更是達到了以假亂真的地步。

筆者不才，對野生沉香的鑒定是門外漢，但希望盡可能地與諸位讀者朋友一起探討沉香的鑒偽，希望起到拋磚引玉的作用。

和所有的收藏品一樣，假沉香一定會有破綻露出。要發現這些破綻，首先要克服自己內心的撿漏思想。野生沉香被採香人從茫茫林海中採出來是極為不易。越南占城、會安自古就是上等沉香的產地，經過上千年的採伐，野生沉香蹤影難覓。附近山裡的香民們一進山就是數月之久，要忍受風餐露宿、蚊蟲叮咬之苦，以及蛇獸的威脅。除了這些還得祈求好運，才能發現一塊真正的野生沉香。而且，越南等國已經禁止採伐野生沉香，我國更是將野生沉香樹列為珍稀保護植物。而在採出沉香後，會有守在寨子裡的沉香販子立即收購，然後再販運到沉香集散地，如越南河內、胡志明市，泰國的曼谷等地。在集散地一般會有大的沉香商家收購販子手裡的沉香，再賣給沉香收藏家或者是輾轉賣到中國、日本。由此可見，一塊真正的野生沉香通常都經過了眾多靠沉香討生活之人的手，而在經過那麼多行家之後，要買到遺漏的便宜真品，幾乎是不可能的。正所謂一分錢一分貨，沉香在古代就是"一片萬錢"，到了日漸稀少的今天，價格也沒有便宜的道理。

其次，不能盲目聽信商家的忽悠。在沒有野生沉香的情況下，以次充好，以假亂真，圖謀暴利，是不法商家的發財之路。而一些有良知的厚道商家，會守法經營，比較誠信。避免和不法商家打交道，就要避免聽信"故事"。在收藏界，擅長"講故事"、吹噓藏品來源的人，一般其藏品都可疑，值得警惕。和誠信的商家打交道，會減少上當受騙的概率，同時虛心請教，也能學到很多書本上看不到的知識。

有了上面兩條，最終還是得落實到對沉香的鑒別上。一切以實證為准，當然得先樹立相對正確的沉香知識。應該正確區分沉香的關鍵概念，比如是否沉於水。沉香是產自瑞香科樹木的一大類香料的統稱，有能沉水的沉香，俗稱"沉水香"；也有不能沉水的，包括棧香和黃熟香。沉水香的價格自然要大大高於棧香和黃熟香，香味也更醇和清遠。但是，大家不能以是否可以沉於水而斷定其價值高低，因為品質最好的棋楠也是不沉於水的。

又比如，要認識到沉水香和水沉不是一個概念，關於這一點前文已有提及。真正的水沉，是香民們用帶鉤的長杆，在沉香產區的沼澤裡一點點去刺，如果刺中水裡的木頭，會有感覺，然後他們根據帶出的木屑，判斷出木頭是否是沉香木。如果確定是沉香木，他們再想方設法將木頭撈起，運氣好的話，從中採出的沉香就是水沉。水沉以越南的最好，但很稀少；印尼的水沉相對來說要多一點，有時發現一棵樹後能採幾千克沉香，但印尼的水沉腥氣重，品質較差，氣味還不如好的棧香和黃熟香。

另外，鑒別沉香不能以名稱和產地去看，最關鍵之處還在於看其油脂的品質。

沉香之所以有香味，就在於含有油脂。這些油脂藏於木身的油脂線裡。如果用看瓷器收藏專用的折疊式顯微鏡，或者是用看珠寶的放大鏡，會看到這些油脂線呈細密排列，油脂有金色反光，呈現出很自然的不規則感。而人工種植的沉香木，浸泡香油後，所產生的不是細密的油脂線，而是一片不清晰的油浸體，油脂線是不清晰的，沒有油脂線和木材的界限。如果油脂線不清晰，或者根本就沒有油脂線，那麼基本都是假沉香。這些假沉香，在東南亞一些地區有成熟的產業鏈，是專門針對中國遊客的。

沉香鑒別時，在主人允許的情況下，切下一絲用燒的方法比較可靠。假沉香是靠工業香精產生香味，和野生沉香熏焚時產生的氣味是有差別的。不过,這細微的差別需要有一定經驗的人才可察覺。由於氣味的區別無法量化,往往存在一定的感覺誤差和經驗誤差,但用於區別一些作偽的沉香,卻是很多藏家的不二法門。假沉香的香味,在焚燒時會產生一種膩味感,有的會有噁心感。這是因為作假的商家鑒於成本,不可能使用高級香精來浸泡沉香,一般都是採用低劣的香精,一旦焚燒則產生的氣味自然與野生沉香區別很大。為了躲避買家這樣的鑒別方式,商家們傾向於銷售沉香的成品,即佛珠、雕件等等,這樣就有理由拒絕切絲燃燒。由於切絲對沉香有一定的破壞,有的沉香無法切絲燃燒鑒定。如果允許的話,可以用燒紅的針去刺入隱秘部位,看所發香氣是否清新,如果有噁心的氣味,或者是悶人的氣味,那必假無疑。而野生沉香經過了幾十年乃至上百年的自然造化,已經洗淨鉛華,氣味醇和奇妙,沁人心脾。當切絲燃燒後,其香味使人愉悅,有遠近的變化,有前香後香的變化;假沉香則沒有變化,沒有靈動感,給人以僵化之感。

另外,野生的沉香一般不會開裂,如果遇到開裂的沉香,就要引起警惕。對於全黑的沉香,不法商家會吹噓為含油量高,70%的含油量都可以脫口而出。據專家分析,全黑的沉香極為可疑。沉香油脂的分佈是自然且不規則的,不會到處都是均勻一片的黑色,而應該是黑白間雜,呈現出麻色,有濃有淡。全黑者,一般為泡油所得。這類泡油所得的沉香,充斥著市面,如果將這類佛珠切開,會發現其內部也是均勻的黑色,而真的內部也應該是黑白混雜的。這類假沉香,有個最大的弱點,就是怕燒,一旦燒之,會膨脹並冒黑油,還伴隨著噁心的氣味。還可以採用水泡的方式,泡上一晝夜,如果顏色有減弱,那麼是低級沉香木浸泡香油冒充高檔沉香的可能性很大。

除了以低級沉香木浸泡香油冒充高檔沉香的手段以外,還有用非沉香木來作假的,此手段更加惡劣。比如,用樹藤浸泡藥水後製作的佛珠,冒充海南沉、棋楠,喊價頗高。這種沉香佛珠由於是藥水浸泡,因此用高倍放大鏡查看其油脂線,是沒有金色閃光點的,而且氣味明顯不對。

有一些不法商家以"藥沉"來欺騙對沉香一無所知的顧客,說其是沉香的一種。其實,這種所謂"藥沉"就是用藥水浸泡出來的假沉香,連沉香木都不是。而且,這種假貨對人體有害,甚至造成皮膚炎症和嚴重的過敏反應。相當一部分"藥沉",就是全黑的,且以佛珠為多,充斥於市面上。

還有一些商家利用所謂的"黑藥球"來冒充土沉。這種黑藥球全黑,但黑得沒有光澤感，黑色很均勻，沒有不規則感。而且這種"黑藥球"重於真的沉水香，幾乎都能沉入水中，被一些商家忽悠為水沉、土沉等高檔沉香。其實這些連沉香木都不是，只是比沉香木硬的木頭而已。

用竹子作偽的佛珠，仔細看會發現其油脂線的孔徑比較粗，而沉香的油脂線是細密的。

黑藥球

市面上還有一種被稱為"膨大海"的假沉香，是以假材料壓縮製成。這類"膨大海"常被用作雕件，但其有個致命缺陷，就是泡水會發脹，因此得名"膨大海"。仔細觀察，會發現其沒有清晰的油脂線，全是一片一片的油脂，而且這類偽品容易開裂。不過，對於水泡這種方法，一部分壓縮沉也能躲得過去。

根據業內資深玩家的見聞，現在市面上最具殺傷力的假沉香就是壓縮沉，是高仿品的主要來源。這樣的壓縮沉動輒數萬，甚至幾十萬，與那些作偽後仍按低檔貨、紀念品價格出售的假沉香是不一樣的，是不良商家斂財騙錢的主要手段。不管是哪種壓縮沉，用高倍放大鏡仔細觀察，就會發現其缺陷，尤其是油脂線與真沉香不同，這才是鑒別是否是壓縮沉的關鍵。近年來，壓縮沉特別集中出現在佛珠手鏈裡，有的一串佛珠甚至顆顆沉水，自然價格高達數萬或數十萬，其實是依靠機器高壓破壞而成。因此，在選購沉香佛珠時，要特別小心壓縮沉。壓縮沉裡面有一種被稱為"石頭沉"的高仿品，用高倍放大鏡可以發現這種石頭沉的外表油脂線被嚴重壓縮，從而導致油脂線導管口被壓扁，油脂線被嚴重破壞，相鄰的導管口連接在了一起，甚至無法分辨導管口。而真正的活沉香（即未被壓縮的沉香，此說法是因為壓縮沉其實也是真沉香所製成，由低檔貨壓制成高端貨，由不沉水的沉香壓制成沉水的）的導管口是自然排列的，沒有相連（有的天然沉水香，用高倍放大鏡來看，其導管口也相連了，但油脂正常分泌，油脂線也正常排列，屬於正常現象）。

作為傳統沉香出產國的越南，現在已經成為假沉香和高仿沉香的加工源頭，稱為"越南B貨"。除了用壓縮沉做高仿品雕件外，還用一種所謂的"死人沉"來冒充沉香。這種"死人沉"是一種和沉香樹不同的植物所結的油脂分泌物，也是自然形成，其外形和真沉香極為類似，常常使得很多人上當受騙。鑒別這種"死人沉"只能用火燒的方法，一燒便顯出原形——其味惡臭，其煙黢黑。

有一種佛珠，上面有明顯的黑色紋路，叫作"虎斑"。真正的虎斑紋路的黑色呈漸變狀，很自然。假的虎斑紋路周圍分界明顯，

被稱為"死人沉"的假沉香

沒有漸變，是畫上去的。虎斑沉香多見於印尼所產星洲沉，由於氣味差一些，並且由鷹木所結，木質堅硬，所以適合車制佛珠等物。

對於沉香的黑色，要注意辯證地看。好的沉香為烏文格，外表看上去烏黑發亮，有美麗的光澤。但此類沉香極為稀少，宋代丁謂就已經將這類沉香列為"十二狀之首"，其品質應該說僅次於棋楠。那麼，面對中國市場上隨處可見的黑色沉香、水沉、土沉，自然就要搖頭歎氣了。而且，朋友們最好不要有撿漏的心理，就算遇到真的烏文格，其價格恐非普通人能承受。因此，希望買到烏黑色沉香，或者是棋楠的朋友，最好放平心態，這樣不至於被騙。

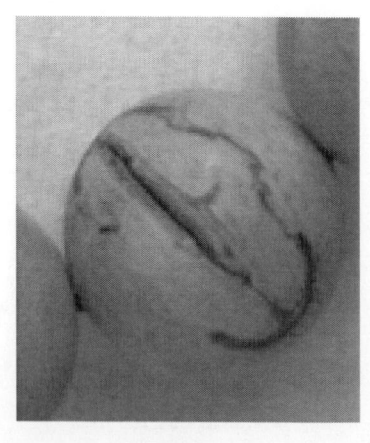

真虎斑 　　　　　　　　　　　假虎斑

由於沉香的收藏在國內興起不久，還沒有一個權威的鑒定機構和鑒定方法，藏家們主要憑經驗去鑒別。而經驗往往有不可靠之處，尤其是面對一些高仿品時。在古玩界，已經有採用高科技設備來檢測藏品的，比如採用碳排放測定，這樣的檢測與經驗一起做出的鑒定才是比較可靠的。現在檢測沉香，缺乏的就是這樣可靠的手段。如果對其測油脂的成分，難以區分其和工業香精的細微差別；如果測是否用常見的藥水浸泡，難免有漏掉的新藥水。而且現在沉香也是沒有標準的，對其香味更不可能形成一個標準。什麼才是丁謂說的"醇和深遠"，這如何能得到一個統一的標準呢？

　　因此，鑒別沉香，現在還只能憑經驗。以筆者之見，最可靠的方法就是先用收藏專用折疊式顯微鏡，仔細觀察沉香的油脂線、色澤、細密度；再切絲熏焚，聞氣味。這樣的方法，應該可以排除掉大部分市場上的假冒偽劣沉香了。但是，對於出自越南的高仿品，還是很難鑒別，只能多看樣品，反復對比，細心研究沉香造假的種種手段。

　　當然，在沉香鑒定上學無止境，多向前輩學習討教，多上手摸，多看，多聽，少掏錢，這是錯不了的。在廣東和臺灣有許多香友，他們的經驗豐富，對越南、柬埔寨、泰國、印尼的沉香市場都有長時間的瞭解，知道作假的種種手段，也見多識廣，有的香友甚至還收藏有真正的棋楠。他們的經驗，都是沉香鑒定的寶貴知識，值得我們虛心學習。

　　另外，由於網路購物的興起，沉香的收藏也與時俱進，與網路緊密聯繫了起來。但麻煩的是，網友們常常困惑於網路購物的真偽鑒別。事實上，網絡購物和一些有關沉香的論壇，確實充斥著大量假貨，使得部分網友深受其害。但是，網路時代的來臨，是我們每個人都不得不面對的，它拉近了我們的距離，降低了我們購買沉香和學習沉香知識的成本，也給了我們更多更方便的選擇和對比。網路只是一個新的購物管道，一種新的消費方式，比街面店鋪少了一些成本。如果沒有假貨的話，網購應該是一種非常好的消費方式。俗話說得好："不怕不識貨，就怕貨比貨。"而網路購買沉香的關鍵還是在於人，也就是說你是從誰的手裡買沉香。當你遇到的是一個無良的商家，無論是在網路上，還是在實體店，或者是裝修豪華的大商場，都很難不被欺騙。如果遇到的是一個厚道守信譽的商家，那麼網路上也不會欺騙顧客。以筆者的經驗看，網路上的沉香，並非洪水猛獸那樣可怕。一些購物網站的沉香，甚至比實體店的還要物美價廉；有的商家雖然有明顯的吹噓成分，但價格卻並沒有虛高，還是較為合理的價格。一些有關沉香的論壇，還有一些資深玩家，經常和網友們一起探討沉香的來龍去脈，互相學習如何鑒別假沉香，區分各種沉香的品級。一些有作偽嫌疑的沉香，其圖片被發上這些論壇後，馬上會被資深網友發現，並準確說出作偽之處。而且各地的網友將自己的所見所聞綜合起來，很多沉香作偽之法無處遁形。他們的言論裡不乏真知灼見，甚至是相當專業的意見。

以上這些，都是快速學習沉香知識的好管道。對於沉香的鑒別，永遠是山外有山，人外有人。保持一顆平常之心和謙虛之心，我們就會發現真正的沉香之美。

四、沉香漫談：會安沉和星洲沉

在所有的香料裡，沉香以其清新奇妙且富於變化的獨特香味，自古便被譽為"香王"。並且無論是中國的香席，還是日本的香道，或者是中東人的熏香，都以沉香為上品。由於香席對香材的要求頗高，並非所有沉香都可用於熏香，其要求沉香的香味清新淡雅，腥辣刺鼻的不用，人工沉香由於結香時間太短，也不能使用，這就是所謂的"入品"。沉香主要產區在東南亞各國，包括越南、老撾、柬埔寨、泰國、印尼、馬來西亞。我國的沉香主要有海南沉香、廣東白木沉香、雲南沉香，但野生的資源幾乎絕跡，現在僅在雲南西雙版納地區還有一些野生沉香，且被境外犯罪分子偷採，破壞嚴重。

東南亞的沉香，按照香學大家、香友們的區分和市場的慣例，分為會安沉和星洲沉兩大系列。會安是越南中部地區的一個古城，自古就是沉香交易的集散地，屬於中國古代典籍所稱的占城地區，其香市貿易由越南官方控制，這個地區流通交易的沉香因此得名為"會安沉"。現在市場上所說的會安沉，並非專指越南沉香，而是包括越南、老撾、泰國、柬埔寨的沉香。在香席中，由於海南沉香的缺位，遂以越南沉香為上。

越南出產沉香的省份有廣平省、廣治省、廣南省、慶和省、嘉萊省、昆嵩省、達樂省、寧順省等。其中，慶和省的芽莊市附近山區所產沉香，被稱為"芽莊"，馳名海內外。越南沉香的香味清新怡人，醇和深遠，似乎略帶一點香甜味和麻涼感。真正的越南沉香，不管是生香還是熟香，不會有花哨的感覺，整個香材顏色比較單一（但也非絕對）。越南沉香中的土沉比較著名，可大致分為黃土沉、黑土沉、紅土沉。顧名思義，黃土沉就是成熟後被埋入黃色土壤中的沉香，黑土沉是成熟後被埋入黑色土壤中的沉香，而紅土沉則是被埋入紅色土壤中的沉香。越南沉香以紅土沉最為昂貴。必須引起重視的是，有不少無良商人，將產自老撾的沉香，帶去越南埋入當地的土壤裡，以此冒充價格昂貴的越南土沉。真正的越南土沉，香味美妙婉轉，有前香後香的變化，細細品來，有甜香之感和麻涼之感，是香席使用的上品。

其中，黃土沉可細分三等。一為黃土片料，屬於黃熟香品級，適合用於打制沉香粉，製作線香，其香味比較香甜。二為黃土，個體較大，主要適合收藏用。三為黃油，是第二等級黃土中的精品，可入品用於悶香和空熏，香味清新淡雅略帶甜味。

黑土中的小料，又叫"黑土皮子"，氣味甚佳，可以入品，麻涼感比較明顯。

紅土沉的個體一般比較小，是越南土沉中的極品，氣味清涼香甜，富於變化，價格也最高。

藏家的棋楠大部分來自越南。對於棋楠的來源，業內有不同的說法，一說是沉香的一種，另說為專門的樹產棋楠。這兩種說法都有待科學家進行深入研究，以為業內統一標準。比較麻煩的是，什麼品級的才算是棋楠，這是仁者見仁、智者見智的事情，但大都遵從古人對棋楠的定義，比如質地較軟，削之如泥，捲曲，有麻涼之感，用指甲也能在上面掐出印記來。根據古人《香譜》中對棋楠的解釋，黃臘沉應該是海南棋楠的別稱。另外，伽楠、奇楠都是棋楠的別稱。

越南土沉（高山烏龍攝）

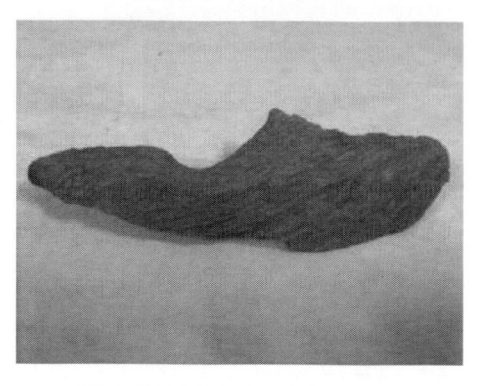

未清理的越南紅土沉（高山烏龍攝）

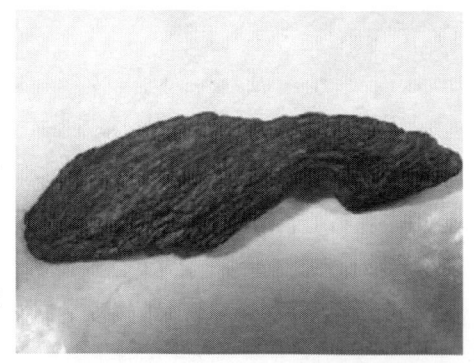

清理後的越南紅土沉（高山烏龍攝）

在香席中，以棋楠為極品。但棋楠由於比較珍貴，大多被藏家收入內室，捨不得用於熏焚。因此，香席上是見不到棋楠的。現在，市面上有許多佛珠號稱"棋楠"，什麼綠棋楠、白棋楠等等，對此應抱著懷疑的態度去看。棋楠質地較軟，本不適合製作佛珠，況且極其珍貴，怎麼會被用於製作佛珠呢？有良心的商家，可能是用好點的沉香冒充棋楠，黑心商家甚至用"壓縮沉""死人沉"來坑害廣大香友。很多佛珠連沉香都不是，用藥水浸泡，用竹子、樹藤車制的情況已經在業界氾濫。因此，筆者建議一般應少買高價位的佛珠，尤其是對號稱"水沉""棋楠"的佛珠、雕件應該保持一顆平常心，不要有撿漏的心理。

其實用沉香車制的佛珠，隨身攜帶有保健功效，又兼具收藏價值，為廣大香友們所喜愛。下面是佛珠車制的過程（劉豔攝），供大家品味。

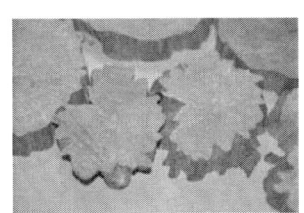

1. 鋸開成固定厚度的原材　　2. 片料　　3. 準備上機床切割

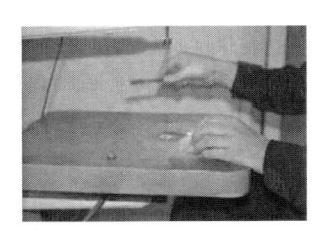

4. 切割成佛珠大小的尺寸　　5. 切好的塊料　　6. 切剩的料，用於打制香粉

7. 準備車製成圓珠　　8. 打孔　　9. 車制成型的佛珠，只需打磨就好

與越南比鄰的老撾，古代稱為"寮國"，其阿速坡省也出產沉香，被歸於會安沉一系。老撾的沉香，相比越南來說，其香味和品級略差一些，一般很難見到棋楠、紅土沉這些品級的沉香，但也有其特點。由於老撾沉香開發比較晚，現在還有一定的產量供應市場需求。與越南一樣，老撾的沉香也是產自蜜香樹，這可能也是會安沉略帶香甜味的原因。而中國海南和廣東的沉香是產自白木香樹，儘管兩種樹都屬於沉香屬樹木，但蜜香樹因其甜味及松軟的質地，容易招來蟲蟻的齧咬及菌類侵襲，所以沉香產量相對較多。

老撾雞骨沉香（馬晶攝）　　　　　老撾土沉（馬晶攝）

老撾沉水帽殼片結（馬晶攝）　　　老撾沉水片結（馬晶攝）

老撾沉香的含油量比較高，顏色較深，檔次較低的帽殼片料比較多，適於打制沉香粉和提煉沉香油。而蜜香由於油脂含量大、香味清甜，屬於老撾沉香中的精品，深受香友們喜愛，可用於熏香。

柬埔寨古稱"真臘""高棉"，一直與中國有貿易往來，中國古代的學者也對真臘、高棉多有提及，記述柬埔寨風土人情和物產的書籍也有很多。柬埔寨沉香外形類似印尼的沉香，有黑色斑紋，但其仍是蜜香樹所產。在菩薩省山區產出的沉香，被人們習慣稱為"菩薩沉"，其油脂含量高，香味濃郁，最大的特點是帶有一點花香味。中東地區對柬埔寨沉香比較偏好，是最大的消費地區，主要用

蜜香 super（馬晶）

高棉殼子香（門春寧攝）

高棉鷓鴣斑（門春寧攝）

高棉鷓鴣斑細節（門春寧攝）

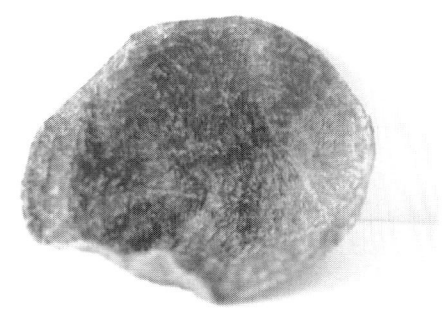

高棉特級熟香（門春寧攝）

高棉特級熟香背面（門春寧攝） 　　　　　高棉生結沉水（門春寧攝）

於阿拉伯熏香和提取香油。

　　泰國由於採香歷史悠久，現在已很難見到野生沉香，但其已經開發了一些人工種植的沉香林，並取得一定成就。同時，曼谷也是東南亞的沉香貿易中心，聚集著來自越南、老撾、柬埔寨和印尼的沉香，供全世界的香客選購。

　　緬甸沉香由於產量比較少，市場上的知名度不太高。緬甸沉香主要產於南部的丹老地區，其他一些地區也有少量沉香出產。緬甸沉香的品質遜於柬埔寨沉香，不如柬埔寨沉香氣味清香。

緬甸的殼子料（門春寧攝） 　　　　　緬甸的熟結香（門春寧攝）

　　星洲沉是因為沉香常在新加坡交易而得名，包括印尼和馬來西亞的沉香。一般來說，星洲沉由於香氣略遜於會安沉，不被熏香使用，所以現在還有大量野生沉香。與會安沉不同之處還在於，星洲沉是出自鷹木，而非蜜香樹所結沉香。這種鷹木木質較硬，因其帶有類似老鷹翅膀的黑色花紋而得名，所以星洲沉的木質是所有沉香裡最硬的，適合做雕件和佛珠。鷹木

的油脂線比蜜香樹的粗大一些，而且印尼和馬來西亞的氣溫更高，日照更強烈，這樣使得所結沉香與越南沉香區別就很大了。星洲沉結香體積比較大，產量也大，同時香味又不能達到香席的要求，這樣的沉香最適合入藥和做雕件。值得注意的是，日本香道常使用星洲沉。現在市面上的沉香雕件，也以星洲沉為多。

細品星洲沉，會發現其略帶一點腥味，甚至有沼澤氣。據說，印度尼西亞的香民們常在沼澤裡，用帶鉤的長竿往泥沼裡刺，試探下面是否有木頭。如果刺到木頭，就根據鉤出的木屑判斷是否為沉香。如果是則花費力氣將其挖出，這樣的沉香往往有沼澤氣也就不難理解了。並且這樣得到的沉香是真正的水沉，有時運氣好能得到很多，只是由於印尼的沉香為鷹木所結，香味不如會安的蜜香樹所結沉香。

印尼沉香（網友"黃鶴樓春秋淹城"供圖）

加里曼丹水沉（網友"黃鶴樓春秋淹城"供圖）

星洲沉裡最負盛名的是達拉干。達拉干是一個小島，屬於加里曼丹島的東加里曼丹省，為熱帶雨林氣候，所以這個產地的沉香因太平洋氣候和地理位置等因素，油脂要比西北加里曼丹和汶萊更為飽滿，並且成片出現的。從外觀上看，高品級的達拉干沉香原料有比較獨特的油線紋路，做出佛珠後有非常美麗的外觀。另外，達拉干在常溫下有種奶香，香味濃郁，且層次感豐富，還帶有一點涼意。

除了達拉干沉香外，市面上還常見到所謂的"馬拉OK"。這種沉香產自伊利安一帶的海岸，香味略帶藥味，外觀呈黃褐色。還有馬泥勞的虎斑沉香，是產自馬泥勞島。產自加里曼丹等以地名命名的沉香，也常見於國內市場。

馬來西亞的沉香也屬於星洲沉，分為西馬沉香和東馬沉香。西馬沉香油脂線非常細膩，多有沉水產出，但香味不如越南沉香和柬埔寨沉香。西馬沉香由於地理位置和氣候與泰國、柬埔寨接近，所以其外觀有些類似會安沉，但區別在於，會安沉香氣淡雅清新，而西馬沉香味道濃郁，香味差。靠北的西馬沉香色略帶土黃，靠近南部的西馬沉香，則黑白分明。

東馬沉香的產量不如西馬沉香，東馬沉香的特徵是油脂烏黑發亮，西馬沉香是略帶土黃色。東馬靠近汶萊一帶的沉香，香味有一絲清涼甘甜之感。其他的東馬沉香，其香味都是涼而略帶一點草藥味，比較清香。

馬來西亞的沉香由於香味品級要差一點，因此價格也相對便宜，適合做雕件、佛珠等，市場上也比較多見。

馬來西亞沉香（門春寧攝）　　　　馬來西亞沉香（門春寧攝）

除了以上國家所產沉香被歸於會安沉和星洲沉外，還有斯里蘭卡的沉香，由於很少出現在傳統的曼谷市場、會安市場和新加坡市場，既沒被認為是會安沉，也沒有肯定說屬於星洲沉。斯里蘭卡的沉香，味道香中帶甜，涼意足，穿透力比較好，主要銷往中東地區。

斯里蘭卡生結沉水（門春寧攝）　　　　斯里蘭卡沉香（門春寧攝）

第三編　香席表演

　　所謂"香席",即以香味為品嘗、鑒賞的席間之物,通過心靈的修持和情感的共鳴,而構成的文化活動。香材雖多,卻以沉香為王,作為香文化的外在形式,香席自然便以熏焚沉香為主要形式。

宋朝雖然在軍事上贏弱，但卻是中國歷史上文化與經濟高度繁榮的時期之一，社會各方面都富庶安逸。正如《清明上河圖》中所繪的那樣，繁華的汴梁，熙攘的市井，遛鳥逗狗的富家公子，穿綢佩玉的大家小姐，雜耍的藝人，都展示著宋朝經濟文化的繁榮和社會生活的多姿多彩。隨著社會的開放，物質生活水準的提高，加上海上貿易的發展，昂貴的香料開始走出宮廷，不再是由皇家獨享的朝貢品。來自東南亞和阿拉伯的客商，用巨大的帆船將占城的沉香、印度的檀香、阿拉伯的乳香都帶到了臨安、泉州，在"一片萬錢""一兩沉一兩金"的驚呼聲中，這些香料在人們羨慕的眼神中，和著吟唱的詞曲，開始以一種精緻而高貴的方式，出現在愛香之人的面前，這就是香席。

　　香席，是中國香文化的核心與精髓，也是香文化與藝術的結晶。在經過了先秦、秦漢、魏晉南北朝和唐代的發展後，在宋代達到頂峰，並形成香席的雛形。據《夢粱錄》記載，在宋朝的臨安，已經有"香婆"這一專門職業，每日在茶樓酒肆之間兜售香藥。還有每天到各家各戶去印香的"供香印盤者"，印好香就離去，到月底才結帳。還有專門的香藥局，掌管著慶典祭祀、婚喪嫁娶中與香有關的一切事宜。當時，燒香已經成為"四般閒事"之一，成為人們日常生活不可或缺的一部分。而這個"供香印盤者"就是香席師的祖師，他們所做的印香，一代代流傳下來，成為今天的篆香，和悶香、空熏一起成為香席的一部分。

　　劉良佑先生指出，香席是"經過用香工夫之學習、涵養與修持後，而升華為心靈饗宴的一種美感生活，是一種通過'香'做媒介，來進行的文化活動"。

　　也就是說，香席主要是一種文化活動，是修持心靈的。那麼，魏晉時期石崇對沉香的奢靡浪費自然不可能是香席；隋煬帝在除夕之夜，將沉香、甲香以車計用於燒香山，肯定也不是香席；而大唐盛世皇親國戚之間比賽香料的鬥香，由於只有賽，而沒有品聞香氣之優劣，體會沉香氣味的妙趣，也無法說是香席。只有到了宋代，文氣鬱鬱的江南大地，才子輩出，詞曲絕唱，將香與素雅淡泊的文化風尚結合到了一起，這才催生出香席。

　　也是在宋代，丁謂、蘇東坡、黃庭堅、洪芻、陳敬等一大批文人雅士，將文學與藝術的靈魂注入對沉香的品味之中，寫出一部部高山仰止的香學名著和婉約豪放的詩詞，形成對沉香的系統化研究與聞香品鑒的方法，將香文化推上了巔峰。

雖然在晚清至民國，中華文明遭受了文化巨殤，很多優秀文化被摧殘，甚至是被毀滅。但在改革開放後，有的文化活動又隨著文藝和經濟的繁榮而重見天日。香席就是其中之一。它在唐宋時期傳播到日本後，與日本的香文化結合在一起，形成了極具日本文化特色的香道。這樣一來，當我們開始重新尋找失落的文化時，往往會驚喜地發現，日本還完好地保存了那些精緻的東西，以此結合著中國古代的典籍，一點一點地將香席整理出來，呈現在世人面前。

香席是一種文化活動，一般邀約一些愛香友人小聚於香室，共品沉香的奇妙香味，所以，往往帶有一點的表演性質，有一個比較完整的流程。下面以沉香會館通常的流程講述一下香席，包括發柬、入座、品茶、坐香等，在這其中去品味沉香之美。

首先，我們要認識各種香具。

一、香具

1. 香爐

　　用於香席的香爐，分作為熏爐和敞口的香爐。熏爐可以是博山爐，或者是外形像盒子一樣的臥式熏爐，銅質或者木材的、陶瓷的都有。熏爐上面都

臥式熏爐

熏爐 　　　　　　　　　　　用於悶香的香爐

小銅爐 　　　　　　　　　　用於空熏的香爐

是鏤空的，以使煙氣排出。敞口的香爐一般是用作悶香和空熏的，由於這兩種方式源於宋朝，因此敞口的香爐一般是仿宋瓷，色彩素雅清新。

2. 香灰

用於香席的香灰比較講究。在《陳氏香譜》中記載著了以下幾種香灰的做法：

細葉杉木枝燒灰，用火一二塊養之，經宿，羅過裝爐；

每秋間採松，須曝乾，燒灰，用養香餅；

未化石灰，槌碎，羅過，鍋內炒，令候冷，又研又羅，為之作香爐灰，潔白可愛，日夜常以火一塊養之，仍須用蓋，若塵埃則黑矣；

礦灰六分，爐灰四錢，和勻，大火養灰爇性；

香蒲燒灰，爐裝，如雪；

紙灰、石灰、木灰各等分，以米湯和，同煆過，勿令偏頭；

青朱紅、黑煤、土黃各等分，雜於紙中，裝爐，名錦灰；

紙灰炒通紅，羅過，或稻糠燒灰，皆可用；

乾鬆花燒灰，裝香爐最潔；

茄灰亦可，藏火火久不熄；

蜀葵枯時燒灰，裝爐，大能養火。

以上的香灰，看起來潔白細膩，用於香席令人感覺舒服。古人是絕不肯用灶台裡的灰燼來做香灰的。香灰的作用是將香炭（包括香餅和香煤）埋起來，以免香料直接被火燒，或者是用雲母片直接被火烤，這樣叫作"隔火熏香"，熏出的沉香氣味淡雅清遠，煙不濃不淡。

香灰

壓緊後的香灰

3. 香餅

《陳氏香譜》中記載："凡燒香用餅子，須先燒令通赤，置香爐內，俟有黃衣生，方徐徐以灰覆之，仍手試火氣緊慢。"這裡說的"餅子"，其實是用植物枝葉碎末製成的熏香燃料。由於通常

製成餅狀，顧得名"香餅"。香餅的製作是比較複雜和精細的，採用合香之法混合製作，比如長生香餅、丁晉公文房七寶香餅、內府香餅、賈清泉香餅，加入了木炭、乾蜀葵花、黃丹、乾茄根等材料，細磨搗碎和勻，然後再放入密封的瓦罐等容器，埋入地下窖藏。

4. 香煤

　　香煤和香餅都用於焚香，區別在於香煤是條塊狀。有一種製作方法為："乾竹筒、乾柳枝、鉛粉三錢，黃丹三兩，焰硝二錢，右同為末，每用匕許以燈爇，於上焚香。"

　　另有一種曰禪師香煤："杉木夫炭四兩，竹夫炭、鞭羊脛炭各二兩，黃丹、海金沙各半兩，右同為末，拌勻，每用二錢置爐中，紙燈點燒透紅，以冷灰薄覆。"

　　不論是香煤還是香餅，用於香席都要求清潔，以免玷污沉香之美。

香煤

5. 炭爐

　　用於燃燒香炭，待燒紅透後，再埋入香灰中。

炭爐

6. 香插

用於插放線香，有各種造型，多為荷葉、佛手等。

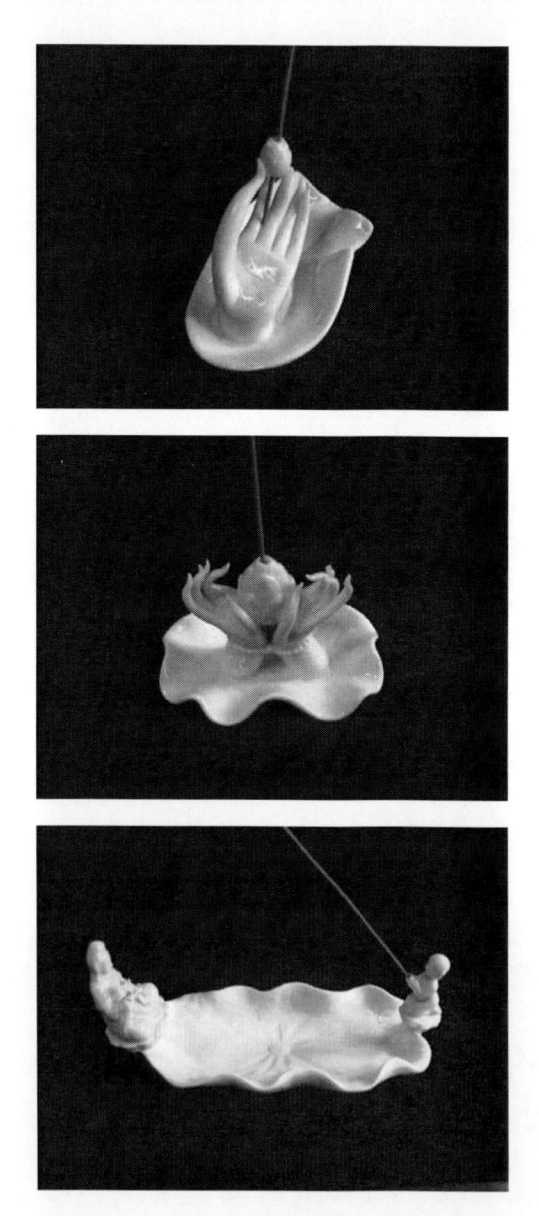

香插

7. 香幾

用於香席表演的桌案。

8. 香盤

用於擺放各種香具的木質託盤。

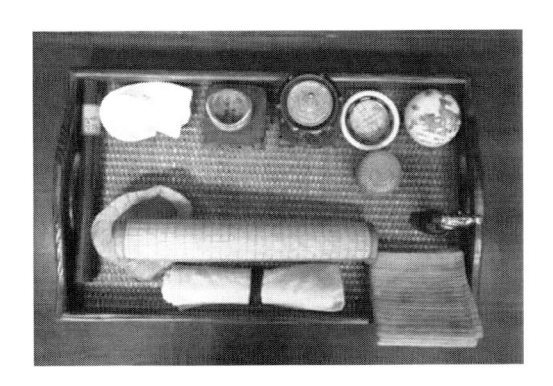

裝滿香具的香盤

9. 線香

就是我們平常所燒的香，因其形狀像一根線而得名。

線香

10. 沉香油

經提煉而成的沉香油脂。

沉香油

11. 香片

經過粗加工的沉香片，可用於熏香，或者掰取小片插入香煙中，使香煙抽起來有奇香。

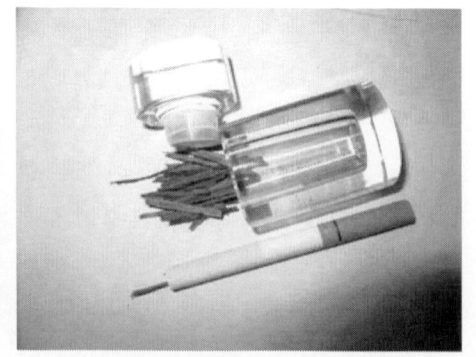

香片　　　　　　　　　　插入煙中（或許可以叫作沉香煙）

12. 雲母片

放置於香灰上，用於隔離香料與香灰、香炭。

13. 香篆

洪芻在《香譜》中寫道："鏤木以為之，以範香塵。"這句話說的就是香篆。宋代的香篆，一般用柏木等木頭製作，現在則有金屬香篆。

圖中的蓮花形狀金屬為香篆，用於製作篆香：香爐的底部鋪上香灰，將香篆放上後，在蓮花圖案上倒入沉香粉、檀香粉等香料，需要注意力度，要不鬆不緊，然後將香篆提起，香粉就呈蓮花形狀。這樣的香篆形狀有很多，如"壽"字、荷葉、百刻圖等等。

香篆在提起時，香粉容易散，因此在古代就多請專業的印香者來做香篆。宋代的"供香印盤者"，才能"每日印香而去，遇月支請香錢而已"。

雲母片　　　　　　　　做篆香

14. 香壓

用於壓香灰用。

15. 香掃

用於清理香爐等處的灰塵。

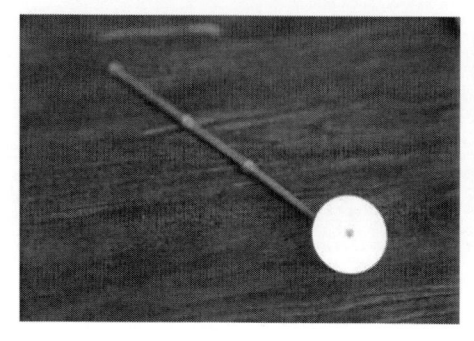

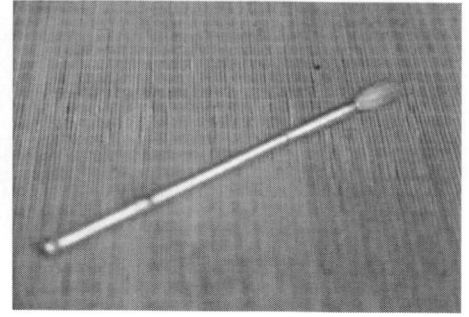

香壓　　　　　　　　　　香掃

16. 押灰扇

用於拍打香灰，製作出香灰的形狀。

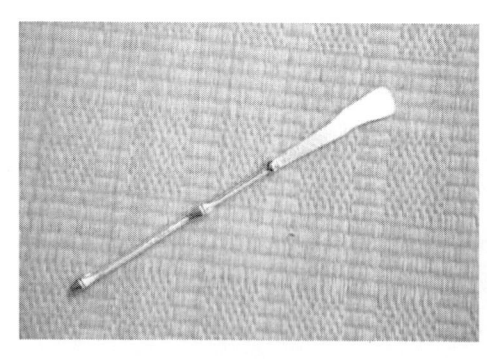

押灰扇　　　　　　　用押灰扇製作出的香灰形狀

17. 探針

用於悶香做好後，刺孔，釋放沉香煙氣。

18. 香匙

用於舀出香粉。

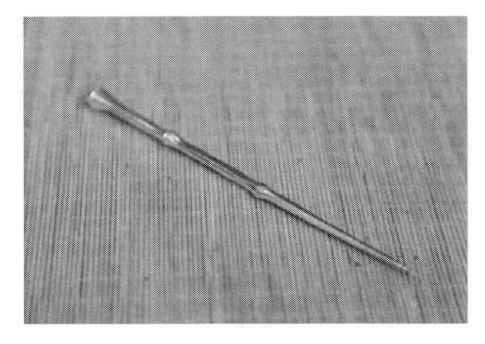

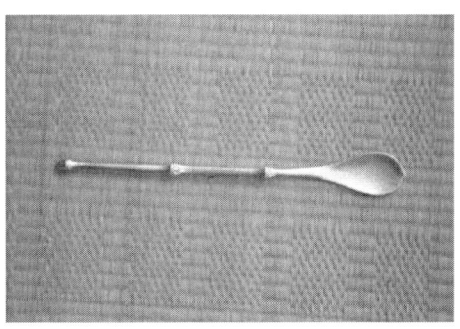

探針　　　　　　　　香匙

19. 香鏟

用於壓緊香灰。

20. 香夾

用於夾香餅、香煤。

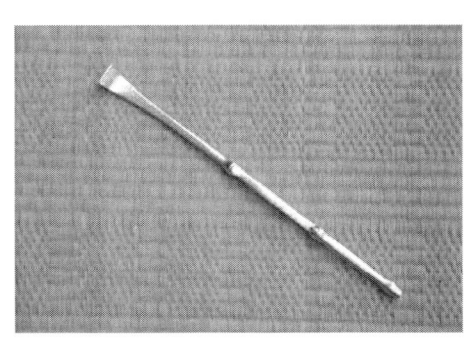

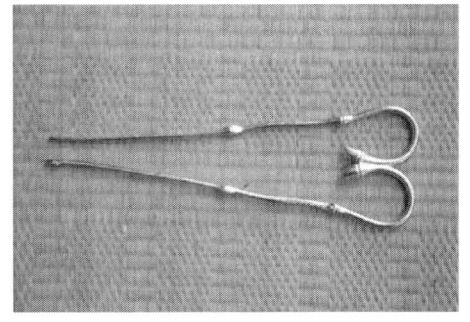

香鏟　　　　　　　　香夾

21. 香具袋

用於盛放香具。

22. 打火機

用於點燃沉香和香炭，一般為防風打火機。

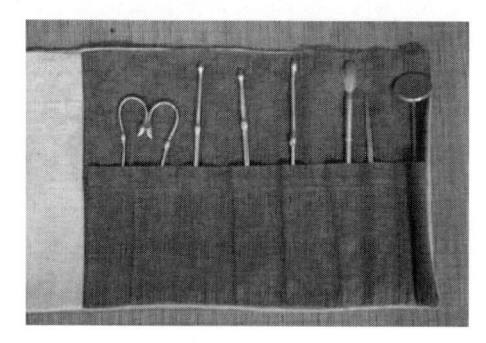

香具袋

打火機

23. 香粉

用沉香或者其他香材碾碎、搗磨而成的粉，用於做篆香。

24. 銀制香席套件

包括香爐、香匙等器件。

銀制香席套件

25. 香刀

用於切割香材，使之大小尺寸適宜於坐香。香刀非常講究，多用銀、精鋼製成，其中不乏大師之作。

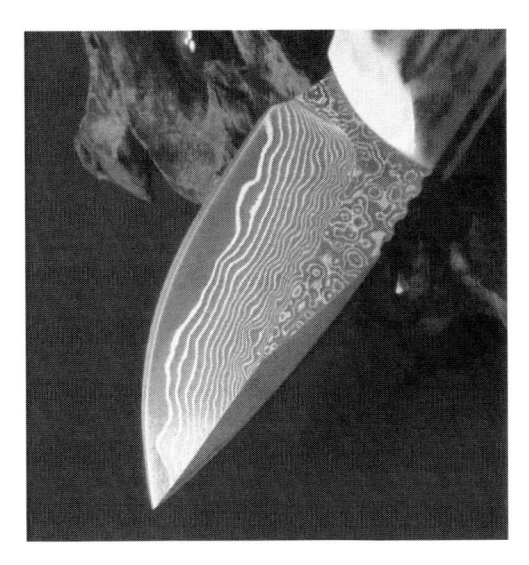

香刀

二、坐香

認識了香具之後，就可以進入香席的正式流程。

香席與宴請賓客有類似之處，先要發請帖，謂之"發束"。香席的束與現代社會的婚宴請束大體相同，注明時間地點，寫上"請務必光臨"等客套話。但區別在於，香席的束源於宋代，一般會寫上一些優美的詩詞，比如春季邀約香席的話，就寫"惠風和暢""春意盎然""請光臨寒舍雅聚"之類，符合古代的情趣。這方面的詩詞，可以根據情況組合，只要符合季節、風俗、情調就好。

待友人如約而至後，一般會先泡上一壺好茶，請客人先歇息一下，或普洱，或烏龍。一邊和朋友聊聊風花雪月，一邊品茶。工夫茶也是一門藝術。燒香、點茶、掛畫、插花，這"四般閒事"在宋代就已經密不可分了，因此，香席自然也和品茗、賞畫、種花是一起的。只不過，品香需要在室內，不能放有香味的花，否則會影響對沉香氣味的品鑒。

茶藝師在為香友泡茶

香席師正在表演香席

當品過茶，嘗過甜品、水果之後，就進入香席的主要環節——坐香。首先，香席師入場，對大家行過漢禮。

香席師入場

然後，香席師會優雅地將香盤放到香幾上，香盤裡整齊地擺放著各種香具，然後做準備工作。

　　香盤內擺放的香具包括香爐、香炭、香刀、香粉、香片、打火機、香插等。由於香灰需要烘烤，有時會先燒好香炭，以免耽誤坐香時間。

香盤

　　琴師在一旁彈奏古琴，悠揚古拙的琴聲充滿整個香室，讓人逐漸平靜下來。

琴師在彈琴

在舒緩靈動的琴聲中，香席師端坐香幾前，開始準備坐香。坐香一般有三個部分，焚香、空熏和悶香。焚香是先點燃線香，插在香插上，或是在香爐裡焚燒香料。當然，也可以是盤香、寸香等。

香席師在點燃線香

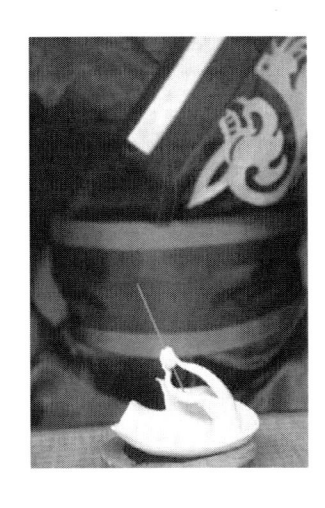

將線香插在香插上　　　　香席師鋪開香袋

香席師品聞寸香

　　香席一般是先做篆香。香席師用香篆放在壓緊的香灰上，然後將香粉用香匙填入香篆的範內，再用香壓將香粉壓到鬆緊合適的程度。待香粉鬆緊適度後，用手指輕彈香篆，使香粉均勻。最後，輕輕提起香篆，一個篆香就做成了，點燃後會慢慢依次燃燒，最後的灰燼也是香篆的圖案。要注意的是，香粉的鬆緊要適度，否則在提起香篆時，香粉容易坍塌，那麼香篆就失敗了。提起香篆時，手要平穩，以免弄壞篆香的形狀。這要求香席師心靈手巧，還必須要心平氣和，以淡定的心態慢慢做，切記急躁。要多練，用心去領悟篆香的奧秘。

用手指輕彈香篆

做失敗的篆香，注意蓮花有坍塌的地方，應該是壓制時力量沒掌握好。

右邊的篆香在燃燒過後，黑色的灰燼依然保持"壽"字圖案。

　　用香篆做出的蓮花，寓意佛與沉香的淵源。佛經把佛國稱為"蓮界"，把寺廟稱為"蓮舍"，把和尚行法手印稱為"蓮華合掌"，而佛和觀音菩薩大多是坐在蓮花上的，稱為"蓮台"。佛教把蓮花的自然屬性與佛教的教義、規則、戒律相類比美化，逐漸形成了對蓮花的崇拜。而中國的本土文化和佛教文化互相影響，互相滲透，產生了"中國禪"（胡適語）。這樣一來，就會自然而然地將蓮花用於香席，以蓮花的清秀潔淨來襯托香的美妙，使香友們進入一種禪的哲學語境，去思索，去感悟，去冥想人生與社會，從而幫助大家陶冶情操和修為。

在《達摩祖師悟性論》中，也有這樣一段話："佛在心中，如香在樹中。煩惱若盡，佛從心出；腐朽若盡，香從樹出。即知樹外無香，心外無佛。若樹外有香，即是他香；心外有佛，即是他佛。"

有了禪與香席的結合，可以香入道，以香參禪，從而達到品香十德。古人很早就總結出品香十德：感格鬼神、清淨身心、能拂污穢、能覺睡眠、靜中成友、塵裡偷閒、多而不厭、寡而為足、久藏不朽、常用無礙。人若在品香之中能參透十德，不異於歷經百年的沉香，雖經風雨腐朽，卻能洗淨纖塵，以最本真、最純淨的菁華，於塵世之中淡泊以明志，寧靜而致遠，達到心靈的修持階段。

當篆香點燃後，嫋嫋升起的青煙，如秋雨後的雲霧，幽空而靈動，凝神視之，謂之觀煙。在琴聲伴奏下，觀煙似乎感覺到蒼山幽谷的雲遮霧繞，香的氣味又好似天外之香，令人稱奇，使人有種尋香而去的感動，實在妙不可言。正如宋代詞人所說："縹緲非煙非霧，喜色有無中。簾幕金風細，香篆濛濛。好是庭闈稱壽，簇舞裙歌板，歡意重重。況芝蘭滿砌，行見黑頭公。看升平、烏棲畫戟，更重開，大國荷榮封。人難老，年年醉賞，滿院芙蓉。"

篆香之後，可以做空熏。

空熏也就是將香料隔著雲母片放在香灰之上，將燒熱的香煤埋入香灰，以隔灰的炭溫加熱香料，不一會兒，沉香的香味便散發出來。這樣的香味很特別，是一種淡雅的清香味，很自然，絕無矯揉造作的香水味之感。

空熏最大的特點是沒有煙，宋代詩人楊庭秀的《焚香詩》，對空熏做了極為細緻的描寫。"琢瓷作鼎碧於水，削銀為葉輕似紙；不文不武火力勻，閉閣下簾風不起。詩人自炷古龍涎，但今有香不見煙；素馨欲開茉莉折，底處龍涎示旃檀。"

從古至今，沉香一直被列為眾香之首，就在於它的香味是獨特的，卻又是讓人感動愉悅的，醇和清雅，幽遠奇妙，沒有任何的刺激性感覺。前輩細品其香氣，總結出沉香的氣味具有潔、圓、幽、通、和五大特點。"潔，是指沉香的香味氣韻獨特，清純高妙，不濁不野，天下無雙；圓，是說沉香的品質圓潤醇厚，甜馥內斂，不破不燥，回味無窮；幽，是說香煙若即若離，若隱若現，寧靜高遠，曲徑通幽；通，是指沉香之韻通達三界，開啟靈竅，拔除沉痼，身心調諧；和，是說香氣綿長靈動，不疾不散，以香觀心，神自歸一。"

這五大特點，總結得極為精闢和貼切。筆者在第一次品聞空熏時，所用的香材是樹心油，那種獨特的香味與其他香味都有所不同。筆者認為沉香的香味是有變化的，甚至說句不太準確的話是"有麻涼之感"。沉香沒有悶人的感覺，這和香水，哪怕是再高級的香水都不一樣。

　　有此潔、圓、幽、通、和五大特點，沉香被譽為香王也就當之無愧了。

　　當香席師做好空熏，各位香客可以品香。第一次初品其香，驅除雜味；第二次鼻觀，觀想趣味；第三次回味，肯定意念，心靈靜思。

　　所謂鼻觀，就是用鼻子去聞香的雅稱。

　　品香的手勢，以左手平展托起香爐，右手手掌微曲附於爐壁上沿，右手拇指搭於爐壁，形成一個杯口，微微靠近，當一位香客品玩之後，再傳給下一位香客。

　　空熏之後，可以做悶香。所謂悶香，是指在香爐中，將香灰挖出一個深坑，以明火點燃香粉或者細碎香料，放入坑中，再將其上覆蓋一層香粉，等其被點燃後再蓋一層，大概蓋上 3~5 層就可以了。最後再將香灰覆蓋在香料上，這時香氣就會隨著煙氣上升並散發出來。由於煙氣被香灰所過濾，最後散發出來的基本上是無煙或者少煙的香氣。最後，香席師以探針對準埋香處，刺出一個孔，煙氣很快上升。最好的香煙為一根煙柱，直上空中，令人歎為觀止。

調試香灰

預先熱好的香煤

在香爐裡打好香灰，有的會用押灰扇做出各種圖案。

香席師將雲母片放在香灰上。

雲母片上倒了沉香粉。

香席師要先試香，看香味出來沒，注意拿香爐的手勢。

聞一下後，手捂香爐，細細品味香味，然後再次品味。

香席師用探針準備刺入香灰。

煙從孔瞬間而出，靈動而縹緲。

　　悶香的難度比焚香和熏香要高，因為對於時間火候的把握要准。一般以煙的品質來評判悶香做的水準高低，還有出香的把握，是否恰到好處地展示了香的奇妙和前後變化。品鑒水準高的香友，可以感受到悶香的前香與後香的變化，捕捉到那份靈動感。

　　如果做空熏和悶香的香料是棋楠的話，以這精妙的手法去體驗棋楠的香，體驗那種變化的神秘感，那絕對是人生一大緣分——香緣。

悶香

香席師合影

　　每一次香席，都是一種緣分，一種文化饗饕之宴，一種心靈洗滌，也是一種入道參禪的精神修煉。

　　在完成坐香之後，可以請香友們寫下留言，以描述坐香的感受，對香味和煙的品鑒等等。這在香席中是最後一步——寫箋，留下墨寶。待香氣散盡，煙也消失，只有墨蹟還永留世間。想必一些佳句絕唱會隨著香文化一起，流傳下去，成為中華文明的一部分。

三、香席品鑒

　　陳敬在《香譜》中寫道："人在家及外行，卒遇飄風、暴雨、震電、昏暗、大霧，皆諸龍神經過，宜入室閉戶，焚香靜坐，避之不爾損人。"

　　這雖是宋代文人對自然天象的一種敬畏，卻為我們展示了一幅宋時生動形象的焚香圖。外面風雨交加，雨霧迷漫。文人雅士們緊閉門窗，油燈昏暗，用自己珍愛的香爐打上一個香印，或者是將燒熱的香煤埋入香灰，在香灰上拍出某種圖案，放上雲母片，再將珍藏的海南沉水切下一小片置於雲母片之上。然後，文人雅士們閉上眼，靜靜地坐在香幾前，或是在席上打坐。香味慢慢散發出來，整個書房似乎不再存在，而是處在一個香氣四溢的曼妙之地，寶光流彩，寧靜怡人，只有潺潺的泉水聲，還有籠罩一切的虛無縹緲的煙氣。

　　陣陣香氣襲來，這不是牡丹的香氣，不是梔子花的香氣，也不是荷花蓮子的香氣，它不同於任何一種花香。這香味似乎很遠，但其實就在面前；這香味似乎很近，卻總讓人感覺到幽谷山林一般遙遠；這香味似乎很實在，卻有著無法捕捉的靈動感；這香味似乎很虛幻，卻可以觸摸到它的變化和跳動。這香味是變化的，剛散發出來時淡雅，慢慢地會濃郁起來，卻又不失清新之感。這香味是涼涼的，讓人清爽如同夏日沐浴在山泉裡。這香味似乎具有極強的穿透力，能直達心脾，使整個人有脫俗之感。慢慢地，籠罩一切的煙氣散去，一切歸於枯空，像一片荒野上的老樹枯藤，又像是曾有仙人打坐過的山洞，讓人在靜謐之中歸於本真。

　　"沉水良材食柏珍，博山煙暖玉樓春。憐君亦是無端物，貪作馨香忘卻身。"唐代詩人羅隱的這首《香》，是對靜室焚香獨坐的最好寫照。這首膾炙人口的香詩，最妙就是那句"貪作馨香忘卻身"。這是一種境界，是焚香的境界，也是品香的境界。

這境界就是——忘我。

極具智慧哲思的唐代禪宗大師青原行思是六祖慧能的弟子，他提出了參禪的三重境界：參禪之初，看山是山，看水是水；禪有悟時，看山不是山，看水不是水；禪中徹悟，看山仍然是山，看水仍然是水。

這本是禪宗令人開悟人生的哲理名言，但卻和品香有著異曲同工之妙。品香之初，香味初散。沉香的奇妙氣味讓人覺得新奇，使人沉浸在這香味的神秘奇特之中。此時，香味是香味，感受只有鼻觀，眼睛只是看見嫋嫋的煙雲。此時此刻，是品香的第一層境界，就如同山是山，水是水。

當香味完全散發開來，充斥香室，就如同處於瓊樓瑤池，光影靈動，泉水叮咚。這香味如同三月的春風，沐浴其中，整個人都放鬆了。這時的香味與初香不同，更富於變化，有麻涼之感，穿透力很強，完全展現了沉香之美。此時此刻，香味已不完全是香味，不僅可以鼻觀香味，還可以眼看煙氣嫋嫋，整個人的眼耳鼻舌身意都沉浸在沉香那令人如癡如醉的夢幻般的香味之中。這是品香的第二層境界，香不是香，煙也非煙，如同山非山，水非水。如同霧裡看花，似真似幻，使得自我進入這香味營造出的另一世界，因為太美妙而讓自我迷失在一個奇異的空山絕穀之中。香不再是單純意義上的香，而是一種人生體驗；煙也不再是單純意義上的煙，而像是我們的人生，或起伏不定，或盤桓曲折。香如人生，煙也如人生。

當香印冷卻，只留下一個香篆圖案，或者是空熏的炭火熄滅，香味漸漸淡去，我們會從那美輪美奐的世界抽離，展現在眼前的似乎是一個枯空幽深的山谷。香味還在香室彌漫著，思緒卻有著返璞歸真的靈犀。香還是香，煙也還是煙。這便是品香的第三層境界，無欲無求，也了無掛礙，窗外的風雨、雷電、雲霧，都不會引起香客內心的漣漪，一切只有寧靜。

以上這三種境界對應著焚香的三個階段：初香、焚香、尾香，要體驗這

筆者夫婦與羅曉岷（右二）、王蓉（右一）夫婦一起品蟲漏

其中的美妙，當以入品的沉香為最佳選擇，尤其是越南沉香。如果有棋楠一試，想必更加奇妙。只可惜，無論是棋楠，還是海南的黃臘沉，早在古代就是非常珍貴之物，現在更是被大藏家收入內室，不得一見，更別說焚香了。至於過去的合香，比如加了多少比例的龍涎香，幾兩幾錢的甲香，現在已經絕跡了。龍涎香自古就極其珍貴，況且主要起穩定香氣的作用，甲香也是如此。所以，熏香和焚香，實質還是以沉香為主的，儘管有宋代香學大家的著作流傳下來，但那些合香也很難再現世間了。

　　至於品香的環境，也是很重要的。《香譜》上說："焚香必於深房曲室，用矮桌置爐，與人膝平，火上設銀葉或雲母，制如盤形以之觀香，香不及火，自然舒慢，無煙燥氣。"沒有風的環境，是聞香所必需的。另外，香室內還不能放有各種氣味的物品，如鮮花。這樣，沉香的香味可以在不受影響的情況下呈現出來。

　　從宋代的典籍看，那時的文人很喜歡焚香，幾乎不可一日無香。當我們面對今日之香席時，常常能體會到過去的那種淡定與寧靜。筆者每次焚香之時，屋外的車水馬龍和喧囂似乎都與自己無關，沒有功名利祿，沒有商業項目，沒有爭鬥。漸漸的，香進入了筆者的生活，成為獲得寧靜的一種方式，回歸自我的一座小橋。橋的這頭是現在，那頭是文化的過去時空。

當中國開始追趕工業革命的步伐後,新的產品、新的科技和新的思維層出不窮,這必然會動搖我們的傳統價值觀和傳統文化。有一些是我們應該拋棄的,有一些是我們應該改良的,但有一些,則是我們應該保護的。

　　香席就是我們應該保護的一種文化。它提醒我們,屬於民族文化深層次的內核是什麼。它告訴我們以及後人,我們的民族是如何一路走來的,我們的文明又是如何一步步演化的。

　　我們現在去品味香席,實質是一種文化上的返璞歸真。不過,可能更像是我們自我心靈的回歸,在洗淨纖塵後,去尋找那個純真的自我。

第四編　古代詩詞中的香文化

　　香文化的內在形式，是以香為核心，寄託情感的詩詞歌賦，這樣的詩詞歌賦，既賦予香文化以血肉情感，也豐富了祖國文學的寶庫，使人如癡如醉地沉浸於香之美。

一、先秦時期的詩詞

尚書·君陳（節選）

至治馨香，感於神明。黍稷非馨，明德惟馨。

譯文：盛世安定，要用香感謝上天和神明的庇佑。五穀美味並不是最香的，美德才是真正的香氣。

詩經·采葛

彼采葛兮，一日不見，如三月兮！
彼采蕭兮，一日不見，如三秋兮！
彼采艾兮，一日不見，如三歲兮！

注釋：采葛，采葛之女；葛，葛藤，可以製作葛布；蕭，青蒿，可用於祭祀。艾，艾蒿。蕭是古代常用的一種香草植物，熏焚後可以清除室內的污穢之氣，還被用於治療瘧疾。這首詩是表達對戀人的強烈思念，一天不見，就如同隔了三個月、三秋、三年。

九歌·雲中君

戰國·屈原

浴蘭湯兮沐芳，華采衣兮若英。靈連蜷兮既留，爛昭昭兮未央。蹇將憺兮壽宮，與日月兮齊光。龍駕兮帝服，聊翱游兮周章。靈皇皇兮既降，猋遠舉兮雲中。覽冀洲兮有餘，橫四海兮焉窮。思夫君兮太息，極勞心兮忡忡。

注釋：詩中的蘭湯在古代常被用於沐浴，即將蘭等香草泡入水中。到了後期海外香料進入中原後，還有加入沉香、龍腦等珍貴香料的。這樣的蘭湯芳香四溢，人洗浴後幾天都可以處處留香。

離騷（節選）

戰國·屈原

扈江離與辟芷兮，紉秋蘭以為佩。蘭芷變而不芳兮，荃蕙化而為茅。余既茲蘭之九畹兮，又樹蕙之百畝。雜申椒與菌桂兮，豈維紉夫蕙茝。何昔日之芳草兮，今直為此蕭艾也。畦留夷與揭車兮，雜杜衡與方芷。朝飲木蘭之墜露兮，夕餐秋菊之落英。戶服艾以盈要兮，謂幽蘭其不可佩。蘇糞壤以充幃兮，謂申椒其不芳。余以蘭為可恃兮，羌無實而容長。椒專佞以慢慆兮，樧又欲充夫佩幃。既干進而務入兮，又何芳之能祇。芳菲菲而難虧兮，芬至今猶未沬。

注釋：《離騷》中有很多寫香草的佳句，蘭、蕙、桂、椒、衡、蕭等皆為香草。

周易·繫辭（節選）

二人同心，其利斷金；同心之言，其臭如蘭。

注釋：臭，氣味之總名。古人喜歡蘭的香氣，常用於比喻品性的純淨。"金蘭之交"一詞便來源於此，比喻朋友間的同心合意、生死與共。

二、西漢至五代時期的詩詞

美人賦（節選）

西漢·司馬相如

於是寢具既設，服玩珍奇，金鉔薰香，黼帳低垂，袵褥重陳，角枕橫施。

注釋：金鉔薰香，漢代用金屬香爐裝入香料以薰香。

熏爐銘（節選）

西漢·劉向

嘉此正器，嶄岩若山。上貫太華，承以銅盤。中有蘭綺，朱火青煙。

雪賦（節選）

劉宋·謝惠連

攜佳人兮披重幄，援綺衾兮坐芳褥。
燎熏爐兮炳明燭，酌桂酒兮揚清曲。

孔雀東南飛（節選）

新婦謂府吏："勿複重紛紜。往昔初陽歲，謝家來貴門。奉事循公姥，進止敢自專？晝夜勤作息，伶俜縈苦辛。謂言無罪過，供養卒大恩；仍更被驅遣，何言複來還！妾有繡腰襦，葳蕤自生光；紅羅複鬥帳，四角垂香囊；箱簾六七十，綠碧青絲繩；物物各自異，種種在其中。人賤物亦鄙，不足迎後人，留待作遺施，於今無會因。時時為安慰，久久莫相忘！"

注釋：在古代，皇室和權貴人家的馬車，通常會在四角垂掛香囊，香囊熏焚著香丸等合香。所過之處，芳香四溢，許久都不散去。

郁金賦（節選）

西晉·傅玄

葉萋萋兮翠青，英蘊蘊而金黃。樹唵藹以成蔭，氣氛馥而含芳。淩蘇合之殊珍，豈艾納之足方。榮曜帝寓，香播紫宮。吐芳揚烈，萬里望風。

注釋：蘇合是指蘇合香。艾納是產自西域的香料，可以用來合香，起到聚煙不散的作用。

博山香爐

南朝齊·劉繪

蔽野千種樹，出沒萬重山。
上鏤秦王子，駕鶴乘紫煙。
下刻蟠龍勢，矯首半銜蓮。
傍為伊水麗，芝蓋出岩間。
複有漢遊女，拾羽弄餘妍。

注釋：這首詩詳細地描繪了博山爐精巧的雕刻工藝。

行路難

南朝梁·吳均

君不見，上林苑中客，冰羅霧縠象牙席。盡是得意忘言者，探腸見膽無所惜。白酒甜鹽甘如乳，綠觴皎鏡華如碧。少年持名不肯嘗，安知白駒應過隙。博山爐中百和香，郁金蘇合及都梁。透迤好氣佳容貌，經過青瑣歷紫房。已入中山馮後帳，複上皇帝班姬床。班姬失寵顏不開，奉箒供養長信台。日暮耿耿不能寐，秋風切切四面來。玉階行路生細草，金爐香炭變成灰。得意失意須臾頃，非君方寸逆所哉。

注釋：詩中說博山爐中放著百和香，有鬱金香、蘇合香以及都梁香。都梁香又叫蘭草，是浴佛的五色水之一。都梁香為青色水，鬱金香為赤色水，丘際香為白色水，附子香為黃色水，安息香為黑色水。每年農曆四月八日為浴佛節，就要用五色水來浴佛。

酬別江主簿屯騎

南朝梁·吳均

有客告將離，贈言重蘭蕙。泛舟當泛濟，結交當結桂。
濟水有清源，桂樹多芳根。毛公與朱亥，俱在信陵門。
趙瑟鳳凰柱，吳醥金罍樽。我有北山志，留連為報恩。
夫君皆逸翮，搏景複淩騫。白雲間海樹，秋日暗平原。
寒蟲鳴趯趯，落葉飛翻翻。何用贈分手，自有北堂萱。

注釋：吳均是南朝梁著名詩人。他在這首詩中，用蘭、蕙指代君子和君子之間的友情，這也是古代的一種習慣用法。

秦王卷衣

南朝梁·吳均

咸陽春草芳，秦帝卷衣裳。
玉檢茱萸匣，金泥蘇合香。
初芳薰複帳，餘輝曜玉床。
當須晏朝罷，持此贈華陽。

銅博山香爐賦

南朝梁·蕭統

稟至精之純質，產靈岳之幽深，探眾垂之妙旨，運公輸之巧心，有薰帶而岩隱，亦霓裳而升仙。寫嵩山之巃嵸，象鄧林之芊眠。方夏鼎之瑰異，類山經之俶詭。制一器而備眾質，諒茲物之為侈。於時青女司寒，紅光翳景。吐圓舒於東嶽，匿丹曦於西嶺。翠帷已低，蘭膏未屏。畔松柏之火，焚蘭麝之芳。熒熒內曜，芬芬外揚。似慶雲之呈色，如景星之舒光。齊姬合歡而流盼，燕女巧笑而蛾揚。超公聞之見錫，粵文若之留香。信名嘉而器美，永服玩

香爐銘（節選）

南朝梁·蕭繹

蘇合氤氳，非煙若雲，時濃更薄，乍聚還分，火微難爐，風長易聞，孰雲道力，慈悲所熏。

早春行

唐·王維

紫梅發初遍，黃鳥歌猶澀。誰家折楊女，弄春如不及。
愛水看妝坐，羞人映花立。香畏風吹散，衣愁露沾濕。
玉閨青門裡，日落香車入。遊衍益相思，含啼向彩帷。
憶君長入夢，歸晚更生疑。不及紅簷燕，雙棲綠草時。

注釋：香畏風吹散，此句把焚香需要在靜室以避風吹，寫得極為傳神。

奉和楊駙馬六郎秋夜即事

唐·王維

高樓月似霜，秋夜郁金堂。
對坐彈盧女，同看舞鳳凰。
少兒多送酒，小玉更焚香。
結束平陽騎，明朝入建章。

注釋：少兒、小玉都是指大戶人家裡的僕人。這首詩表現了唐朝上流社會人士宴請聚會時的情景，有琴有舞，僕人在旁邊為客人們焚香、添酒。

謁璿上人

唐·王維

少年不足方，識道年已長。事往安可悔，餘生幸能養。
誓從斷臂血，不復嬰世網。浮名寄纓佩，空性無羈鞅。

夙承大導師，焚香此瞻仰。穨然居一室，覆載紛萬象。
高柳早鶯啼，長廊春雨響。床下阮家屐，窗前筇竹杖。
方將見身雲，陋彼示天壤。一心在法要，願以無生獎。

注釋：古時的高僧大德都愛焚香，而佛道對焚香都有一定的禮法規矩，對香極為重視。

過乘如禪師蕭居士嵩丘蘭若
唐·王維

無著天親弟與兄，嵩丘蘭若一峰晴。
食隨鳴磬巢烏下，行踏空林落葉聲。
迸水定侵香案濕，雨花應共石床平。
深洞長松何所有，儼然天竺古先生。

注釋：唐時焚香已經廣泛使用香案了。

飯覆釜山僧
唐·王維

晚知清淨理，日與人群疏。
將候遠山僧，先期掃弊廬。
果從雲峰裡，顧我蓬蒿居。
藉草飯松屑，焚香看道書。
燃燈晝欲盡，鳴磬夜方初。
一悟寂為樂，此生閑有餘。
思歸何必深，身世猶空虛。

注釋：詩、書、畫、樂皆精通的王維，一生研習佛學禪宗，有很深的造詣。而他每日必做功課，便為焚香。據《全唐書》記載，王維"日飯十數名僧，以玄談為樂，齋中無所有，惟茶鐺藥臼、經案繩床而已。退朝之後，焚香獨坐，以禪頌為事"。

客中行

唐·李白

蘭陵美酒鬱金香，玉碗盛來琥珀光。
但使主人能醉客，不知何處是他鄉。

望廬山瀑布

唐·李白

日照香爐生紫煙，遙看瀑布掛前川。
飛流直下三千尺，疑是銀河落九天。

注釋：詩中的香爐，指廬山香爐峰。《太平寰宇記》記載："在（廬）山西北，其峰尖圓，雲煙聚散，如博山香爐之狀。"

尋山僧不遇作

唐·李白

石徑入丹壑，松門閉青苔。
閑階有鳥跡，禪室無人開。
窺窗見白拂，掛壁生塵埃。
使我空歎息，欲去仍裴回。
香雲遍山起，花雨從天來。
已有空樂好，況聞青猿哀。
了然絕世事，此地方悠哉。

清平調詞三首

唐·李白

一

雲想衣裳花想容，春風拂檻露華濃。
若非群玉山頭見，會向瑤台月下逢。

二

一枝紅豔露凝香，雲雨巫山枉斷腸。
借問漢宮誰得似，可憐飛燕倚新妝。

三

名花傾國兩相歡，長得君王帶笑看。
解釋春風無限恨，沉香亭北倚闌干。

注釋：沉香亭，據宋陳敬《陳氏香譜》記載："開元中，禁中初重木芍藥，即今牡丹也，得四本紅、紫、淺紅、通白者，上因移植於興慶池東沉香亭前。敬宗時，波斯國進沉香亭子。拾遺李漢諫曰：'沉香為亭，何異瓊台瑤室？'"

長相思

唐·李白

美人在時花滿堂，美人去後空餘床。床中繡被卷不寢，至今三載猶聞香。香亦竟不滅，人亦竟不來。相思黃葉落，白露濕青苔。

注釋：香亦竟不滅，說明當時焚香已非常普及了。

清平樂·禁闈秋夜

唐·李白

禁闈秋夜，月探金窗罅。玉帳鴛鴦噴蘭麝，時落銀燈香炧。女伴莫話孤眠，六宮羅綺三千。一笑皆生百媚，宸衷教在誰邊？

奉和賈至舍人早朝大明宮

唐·杜甫

五夜漏聲催曉箭，九重春色醉仙桃。
旌旗日暖龍蛇動，宮殿風微燕雀高。
朝罷香煙攜滿袖，詩成珠玉在揮毫。
欲知世掌絲綸美，池上於今有鳳毛。

注釋：賈至寫過一首《早朝大明宮》，全詩是："銀燭熏天紫陌長，禁城春色曉蒼蒼。千條弱柳垂青瑣，百囀流鶯繞建章。劍佩聲隨玉墀步，衣冠身惹禦爐香。共沐恩波鳳池上，朝朝染翰侍君王。"當時頗為人注目，杜甫、岑參、王維都曾作詩相和。杜甫這首詩中所說的"朝罷香煙攜滿袖"，在宋代被一個叫梅詢的人演繹成了典故。他每天早晨起來必定焚香兩爐來熏衣服，穿上之後將袖口捏攏，到了朝堂再刻意撒開袖子，使滿室濃香，時人稱之為"梅香"。

大雲寺贊公房四首（節選）

唐·杜甫

細軟青絲履，光明白氎巾。深藏供老宿，取用及吾身。
自顧轉無趣，交情何尚新。道林才不世，惠遠德過人。
雨瀉暮簷竹，風吹青井芹。天陰對圖畫，最覺潤龍鱗。
燈影照無睡，心清聞妙香。夜深殿突兀，風動金銀鐺。

注釋：聞香需要先靜心，心靜才能品味出香的奇妙之處，這也是坐香的要求。

至日遣興，奉寄北省舊閣老兩院故人二首

唐·杜甫

一

去歲茲辰捧禦床，五更三點入鵷行。
欲知趨走傷心地，正想氛氳滿眼香。
無路從容陪語笑，有時顛倒著衣裳。
何人錯憶窮愁日，愁日愁隨一線長。

二

憶昨逍遙供奉班，去年今日侍龍顏。
麒麟不動爐煙上，孔雀徐開扇影還。

玉幾由來天北極，朱衣只在殿中間。
孤城此日堪腸斷，愁對寒雲雪滿山。

江閣臥病走筆寄呈崔、盧兩侍禦

唐·杜甫

客子庖廚薄，江樓枕席清。
衰年病只瘦，長夏想為情。
滑憶雕胡飯，香聞錦帶羹。
溜匙兼暖腹，誰欲致杯罌。

即事

唐·杜甫

暮春三月巫峽長，晶晶行雲浮日光。
雷聲忽送千峰雨，花氣渾如百和香。
黃鶯過水翻回去，燕子銜泥濕不妨。
飛閣捲簾圖畫裡，虛無只少對瀟湘。

注釋：百和香是一種合香。

偶呈鄭先輩

唐·杜牧

不語亭亭儼薄妝，畫裙雙鳳鬱金香。
西京才子旁看取，何似喬家那窈娘？

杜秋娘詩（節選）

唐·杜牧

咸池升日慶，銅雀分香悲。
雷音後車遠，事往落花時。

注釋：詩中的銅雀，是指曹操所建之銅雀台。分香是指曹操在臨死前將香分給家屬的典故。這也說明了當時香料的珍貴。

冬至日寄小姪阿宜詩（節選）

唐·杜牧

高摘屈宋豔，濃薰班馬香。
李杜泛浩浩，韓柳摩蒼蒼。

送容州唐中丞赴鎮

唐·杜牧

交址同星座，龍泉佩鬥文。
燒香翠羽帳，看舞郁金裙。
鵁首冲瀧浪，犀渠拂嶺雲。
莫教銅柱北，空說馬將軍。

古意呈補闕喬知之

唐·沈佺期

盧家少婦鬱金香，海燕雙棲玳瑁梁。
九月寒砧催木葉，十年征戍憶遼陽。
白狼河北音書斷，丹鳳城南秋夜長。
誰為含愁獨不見，更教明月照流黃？

李員外秦援宅觀妓

唐·沈佺期

盈盈粉署郎，五日宴春光。
選客虛前館，徵聲遍後堂。
玉釵翠羽飾，羅袖鬱金香。
拂黛隨時廣，挑鬟出意長。
囀歌遙合態，度舞暗成行。
巧落梅庭裡，斜光映曉妝。

過漢故城（節選）

唐·王績

鉤陳被蘭錡，樂府奏芝房。翡翠明珠帳，鴛鴦白玉堂。
清晨寶鼎食，閑夜鬱金香。天馬來東道，佳人傾北方。
何其赫隆盛，自謂保靈長。歷數有時盡，哀平嗟不昌。
冰堅成巨猾，火德遂頹綱。奧位匪虛校，貪天竟速亡。
魂神籲社稷，豺虎鬥岩廊。金狄移灞岸，銅盤向洛陽。
君王無處所，年代幾荒涼。宮闕誰家域，蓁蕪冒我裳。
井田唯有草，海水變為桑。在昔高門內，於今岐路傍。
余基不可識，古墓列成行。狐兔驚魍魎，鴟鴞嚇獝狂。
空城寒日晚，平野暮雲黃。烈烈焚青棘，蕭蕭吹白楊。
千秋並萬歲，空使詠歌傷。

長安古意（節選）

唐·盧照鄰

雙燕雙飛繞畫梁，羅緯翠被鬱金香。

公子行（節選）

唐·劉希夷

娼家美女鬱金香，飛來飛去公子傍。

贈朱道士

唐·白居易

儀容白皙上仙郎，方寸清虛內道場。
兩翼化生因服藥，三屍臥死為休糧。
醮壇北向宵占鬥，寢室東開早納陽。
盡日窗間更無事，唯燒一炷降真香。

齋月靜居

唐·白居易

病來心靜一無思，老去身閑百不為。
忽忽眼塵猶愛睡，些些口業尚誇詩。
葷腥每斷齋居月，香火常親宴坐時。
萬慮消停百神泰，唯應寂寞殺三屍。

酬鄭侍禦多雨春空過詩三十韻次用此韻（節選）

唐·白居易

寂寞羈臣館，深沉思婦房。
鏡昏鸞滅影，衣潤麝消香。
蘭濕難紉佩，花凋易落妝。
沾黃鶯翅重，滋綠草心長。

和春深二十首（節選）

唐·白居易

何處春深好，春深女學家。慣看溫室樹，飽識浴堂花。
禦印提隨仗，香箋把下車。宋家宮樣髻，一片綠雲斜。

何處春深好，春深妓女家。眉欺楊柳葉，裙妒石榴花。
蘭麝熏行被，金銅釘坐車。杭州蘇小小，人道最夭斜。

注釋：詩中提及香箋，這在古代詩歌中較為少見。

後宮詞

唐·白居易

淚濕羅巾夢不成，夜深前殿按歌聲。
紅顏未老恩先斷，斜倚熏籠坐到明。

注釋：詩中描寫一位失寵的宮人被拋棄後整夜失魂落魄，抱著熏香所用的熏籠徹夜難眠。熏籠幾乎是古代宮廷女子必備之物。

郡齋暇日憶廬山草堂（節選）

唐·白居易

南國秋猶熱，西齋夜暫涼。閑吟四句偈，靜對一爐香。
身老同丘井，心空是道場。覓僧為去伴，留俸作歸糧。

青氈帳二十韻（節選）

唐·白居易

鐵檠移燈背，銀囊帶火懸。
深藏曉蘭焰，暗貯宿香煙。

李夫人

唐·白居易

漢武帝，初喪李夫人。
夫人病時不肯別，死後留得生前恩。
君恩不盡念未已，甘泉殿裡令寫真。
丹青畫出竟何益？不言不笑愁殺人。
又令方士合靈藥，玉釜煎煉金爐焚。
九華帳深夜悄悄，反魂香降夫人魂。
夫人之魂在何許？香煙引到焚香處。
既來何苦不須臾？縹緲悠揚還滅去。
去何速兮來何遲？是耶非耶兩不知。
翠蛾仿佛平生貌，不似昭陽寢疾時。
魂之不來君心苦，魂之來兮君亦悲。
背燈隔帳不得語，安用暫來還見違。
傷心不獨漢武帝，自古及今皆若斯。
君不見穆王三日哭，重璧台前傷盛姬。
又不見泰陵一掬淚，馬嵬坡下念楊妃。
縱令妍姿豔質化為土，此恨長在無銷期。
生亦惑，死亦惑，尤物惑人忘不得。
人非木石皆有情，不如不遇傾城色。

注釋：這是香文化史上很重要的一首詩，它細膩地描寫了漢武帝在李夫人死後，讓道士配製合香——反魂香，以期再見夫人一面。其情也悲，其意也真，都寄託於這一縷非煙非霧的香氣之中。

秋夜曲二首（節選）

唐·王建

天清漏長霜泊泊，蘭綠收榮桂膏涸。
高樓雲鬢弄嬋娟，古瑟暗斷秋風弦。
玉關遙隔萬里道，金刀不剪雙淚泉。
香囊火死香氣少，向帷合眼何時曉。
城烏作營啼野月，秦州少婦生離別。

雜歌謠辭·雞鳴曲

唐·王建

雞初鳴，明星照東屋；雞再鳴，紅霞生海腹。百官待漏雙闕前，聖人亦掛山龍服。寶釵命婦燈下起，環珮玲瓏曉光裡。直內初燒玉案香，司更尚滴銅壺水。金吾衛裡直郎妻，到明不睡聽晨雞。天頭日月相送迎，夜棲旦鳴人不迷。

注釋：此作品細描寫了皇宮內早晨的情景，包括焚香。

宮詞（節選）

唐·王建

秘殿清齋刻漏長，紫微宮女夜焚香。
拜陵日近公卿發，鹵簿分頭入太常。

每夜停燈熨禦衣，銀熏籠底火霏霏。
遙聽帳裡君王覺，上直鐘聲始得歸。

悶來無處可思量，旋下金階旋憶床。
收得山丹紅蕊粉，鏡前洗卻麝香黃。

日高殿裡有香煙，萬歲聲長動九天。
妃子院中初降誕，內人爭乞洗兒錢。

分朋閑坐賭櫻桃，收卻投壺玉腕勞。
各把沈香雙陸子，局中鬥累阿誰高。

窗窗戶戶院相當，總有珠簾玳瑁床。
雖道君王不來宿，帳中長是炷牙香。

雨入珠簾滿殿涼，避風新出玉盆湯。
內人恐要秋衣著，不住熏籠換好香。

金吾除夜進儺名，畫袴朱衣四隊行。
院院燒燈如白日，沈香火底坐吹笙。

供禦香方加減頻，水沈山麝每回新。
內中不許相傳出，已被醫家寫與人。

注釋：王建被譽為"宮詞之祖"，其《宮詞》共百首，主要描寫宮女生活，素材據說得自一位名叫王守澄的內侍。以上摘錄的詩中，涉及了宮廷用香的情景，還說到"沈香"，即沉香。

香印

唐·王建

閑坐燒印香，滿戶松柏氣。
火盡轉分明，青苔碑上字。

更衣曲

唐·劉禹錫

博山炯炯吐香霧，紅燭引至更衣處。
夜如何其夜漫漫，鄰雞未鳴寒雁度。
庭前雪壓松桂叢，廊下點點懸紗籠。
滿堂醉客爭笑語，嘈嘈琵琶青幕中。

香球

唐·元稹

順俗唯團轉,居中莫動搖。
愛君心不惻,猶訝火長燒。

達摩支曲

唐·溫庭筠

搗麝成塵香不滅,拗蓮作寸絲難絕。
紅淚文姬洛水春,白頭蘇武天山雪。
君不見無愁高緯花漫漫,漳浦宴餘清露寒。
一旦臣僚共囚虜,欲吹羌管先汍瀾。
舊臣頭鬢霜華早,可惜雄心醉中老。
萬古春歸夢不歸,鄴城風雨連天草。

隋宮守歲

唐·李商隱

消息東郊木帝回,宮中行樂有新梅。
沈香甲煎為庭燎,玉液瓊蘇作壽杯。
遙望露盤疑是月,遠聞鼉鼓欲驚雷。
昭陽第一傾城客,不踏金蓮不肯來。

注釋:隋煬帝在每年除夕時,便命人焚燒沉香、甲香等,以車計量,使得整個宮殿香氣四溢,名為"燒香山"。

燒香曲

唐·李商隱

鈿云蟠蟠牙比魚,孔雀翅尾蛟龍須。
漳宮舊樣博山爐,楚嬌捧笑開芙蕖。
八蠶繭綿小分炷,獸焰微紅隔雲母。
白天月澤寒未冰,金虎含秋向東吐。

玉佩呵光銅照昏，簾波日暮沖斜門。
西來欲上茂陵樹，柏梁已失栽桃魂。
露庭月井大紅氣，輕衫薄細當君意。
蜀殿瓊人伴夜深，金鑾不問殘燈事。
何當巧吹君懷度，襟灰為土填清露。

注釋：李商隱在詩中所提到的"隔雲母"，便是熏焚沉香的一種方式，類似今天的空熏。

香

唐·羅隱

沈水良材食柏珍，博山煙暖玉樓春。
憐君亦是無端物，貪作馨香忘卻身。

注釋：沈水良材，是指沉香。食柏珍，是指麝香，因為麝經常吃柏樹子。這是香文化裡極為重要的一首詩。

尚父偶建小樓，特摛麗藻絕句不敢稱揚三首

唐·羅隱

結構叨憑柱石才，敢期幢蓋此裴回。
陽春曲調高誰和，盡日焚香倚隗台。
玳簪珠履愧非才，時憑闌干首重回。
只待淮妖剪除後，別傾卮酒賀行台。
闌檻初成愧楚才，不知星彩尚迂回。
風流孔令陶鈞外，猶記山妖逼小台。

升平公主舊第

唐·羅隱

乘鳳仙人降此時，玉篇才罷到文詞。
兩輪水磑光明照，百尺鮫綃換好詩。
帶礪山河今盡在，風流樽俎見無期。
壇場客散香街暝，惆悵齊竽取次吹。

春晚寄鐘尚書

唐·羅隱

宰府初開忝末塵，四年談笑隔通津。
官資肯便矜中路，酒盞還應憶故人。
江畔舊游秦望月，檻前公事鏡湖春。
如今莫問西禪塢，一炷寒香老病身。

湖州裴郎中赴闕後投簡寄友生

唐·羅隱

錦帳郎官塞詔年，汀洲曾駐木蘭船。
禰衡酒醒春瓶倒，柳惲詩成海月圓。
歌黶遠山珠滴滴，漏催香燭淚漣漣。
使君入拜吾徒在，宣室他時豈偶然。

逼試投所知

唐·羅隱

桃在仙翁舊苑傍，暖煙輕靄撲人香。
十年此地頻偷眼，二月春風最斷腸。
曾恨夢中無好事，也知囊裡有仙方。
尋思仙骨終難得，始與回頭問玉皇。

送陸郎中赴闕

唐·羅隱

幕下留連兩月強，爐邊侍史舊焚香。
不關雨露偏垂意，自是鴛鸞合著行。
三署履聲通建禮，九霄星彩映明光。
少瑜鏤管丘遲錦，從此西垣使鳳凰。

虞美人·風回小院庭蕪綠

五代·李煜

風回小院庭蕪綠，柳眼春相續。憑闌半日獨無言，依舊竹聲新月似當年。笙歌未散尊罍在，池面冰初解。燭明香暗畫堂深，滿鬢青霜殘雪思難任。

浣溪沙·紅日已高三丈透

五代·李煜

紅日已高三丈透，金爐次第添香獸。紅錦地衣隨步皺。佳人舞點金釵溜，酒惡時拈花蕊嗅。別殿遙聞簫鼓奏。

玉樓春

五代·李煜

晚妝初了明肌雪，春殿嬪娥魚貫列。
笙簫吹斷水雲閑，重按霓裳歌遍徹。
臨風誰更飄香屑，醉拍闌干情味切。
歸時休放燭花紅，待踏馬蹄清夜月。

注釋：此詩另一說為曹勳作。

菩薩蠻·蓬萊院閉天臺女

五代·李煜

蓬萊院閉天臺女，畫堂晝寢人無語。拋枕翠雲光，繡衣聞異香。潛來珠鎖動，驚覺銀屏夢。臉慢笑盈盈，相看無限情。

一斛珠·詠美人口

五代·李煜

晚妝初過，沈檀輕注些兒個。向人微露丁香顆，一曲清歌，暫引櫻桃破。羅袖裛殘殷色可，杯深旋被香醪涴。繡床斜憑嬌無那，爛嚼紅茸，笑向檀郎唾。

採桑子·亭前春逐紅英盡

五代·李煜

亭前春逐紅英盡，舞態徘徊。細雨霏微，不放雙眉時暫開。
綠窗冷靜芳音斷，香印成灰。可奈情懷，欲睡朦朧入夢來。

注釋：李煜的詞作於五代和宋初，從他的詞裡可見很多關於香的描寫，比如香印，這說明在宋初時，篆香就已經開始流行了。

宮詞（節選）

五代·花蕊夫人

會真廣殿約宮牆，樓閣相扶倚太陽。
淨甃玉階橫水岸，禦爐香氣撲龍床。

夜寒金屋篆煙飛，燈燭分明在紫微。
漏永禁宮三十六，燕回爭踏月輪歸。

翠華香重玉爐添，雙鳳樓頭曉日暹。
扇掩紅鸞金殿悄，一聲清蹕卷珠簾。

煙引禦爐香繞殿，漏簽初刻上銅壺。
禦按橫金殿幄紅，扇開雲表露天容。

太常奏備三千曲，樂府新調十二鐘。
宮女熏香進禦衣，殿門開鎖請金匙。

博山夜宿沈香火，帳外時聞暖鳳笙。
理遍從頭新上曲，殿前龍直未交更。

蕙炷香銷燭影殘，禦衣熏盡輒更闌。
歸來困頓眠紅帳，一枕西風夢裡寒。

安排諸院接行廊，外檻周回十裡強。
青錦地衣紅繡毯，盡鋪龍腦鬱金香。

三、宋代及後世的詩詞

焚香

宋·陳去非

明窗延靜晝，默坐消塵緣。即將無限意，寓此一炷煙。
當時戒定慧，妙供均人天。我豈不清友，於今心醒然。
爐煙嫋孤碧，雲縷霏數千。悠然淩空去，縹緲隨風還。
世事有過現，熏性無變遷。應是水中月，波定還自圓。

浣溪沙·宿酒才醒厭玉卮

宋·晏殊

宿酒才醒厭玉卮，水沉香冷懶熏衣。早梅先綻日邊枝。
寒雪寂寥初散後，春風悠揚欲來時。小屏閑放畫簾垂。

祭天神

宋·柳永

憶繡衾相向輕輕語。屏山掩、紅蠟長明，金獸盛熏蘭炷。何期到此，酒態花情頓辜負。柔腸斷、還是黃昏，那更滿庭風雨。

聽空階和漏，碎聲鬥滴愁眉聚。算伊還共誰人，爭知此冤苦。念千里煙波，迢迢前約，舊歡慵省，一向無心緒。

望江南·江南蝶

宋·歐陽修

江南蝶,斜日一雙雙。身似何郎全傅粉,心如韓壽愛偷香。天賦與輕狂。微雨後,薄翅膩煙光。才伴遊蜂來小院,又隨飛絮過東牆。長是為花忙。

注釋:何郎傅粉,韓壽偷香,都是香文化中的著名典故。

減字木蘭花·畫堂雅宴

宋·歐陽修

畫堂雅宴,一抹朱弦初入遍。慢撚輕籠,玉指纖纖嫩剝蔥。

撥頭顊利,怨月愁花無限意。紅粉輕盈,倚暖香檀曲未成。

蝶戀花·雁依稀回側陣

宋·歐陽修

南雁依稀回側陣,雪霽牆陰,遍覺蘭芽嫩。中夜夢餘消酒困,爐香卷穗燈生暈。

急景流年都一瞬,往事前歡,未免縈方寸。臘後花期知漸近,東風已作寒梅信。

漁家傲

宋·歐陽修

葉重如將青玉亞,花輕疑是紅綃掛。顏色清新香脫灑,堪長價,牡丹怎得稱王者。

雨筆露箋勻彩畫,日爐風炭熏蘭麝。天與多情絲一把,誰廝惹,千條萬縷縈心下。

越溪春·三月十三寒食日

宋·歐陽修

三月十三寒食日,春色遍天涯。越溪閬苑繁華地,傍禁垣,珠翠煙霞。紅粉牆頭,秋千影裡,臨水人家。

歸來晚駐香車，銀箭透窗紗。有時三點兩點雨霽，朱門柳細風斜。沉麝不燒金鴨冷，籠月照梨花。

答熊本推官金陵寄酒

宋·王安石

鬱金香是蘭陵酒，枉入詩人賦詠來。
庭下北風吹急雪，坐間南客送寒醅。
淵明未得歸三徑，叔夜猶同把一杯。
吟罷想君醒醉處，鍾山相向白崔嵬。

凝香齋

宋·曾鞏

每覺西齋景最幽，不知官是古諸侯。一尊風月身無事，千里耕桑歲有秋。雲水醒心鳴好鳥，玉沙清耳漱寒流。沉煙細細臨黃卷，疑在香爐最上頭。

香

宋·邵雍

安樂窩中一炷香，凌晨焚意豈尋常。
禍如許免人須諂，福若待求天可量。

注釋：宋代有許多文人雅士非常喜愛焚香，邵雍便是其中一位，著有很多寫香的詩詞。

香

宋·蘇洵

搗麝篩檀入範模，潤分薇露合雞蘇。
一絲吐出青煙細，半炷燒成玉筯粗。
道士每占經次第，佳人惟驗繡工夫。
軒窗几席隨宜用，不待高擎鵲尾爐。

和黃魯直燒香二首

宋·蘇軾

一

四句燒香偈子，隨香遍滿東南。
不是聞思所及，且令鼻觀先參。

二

萬卷明窗小字，眼花只有爛斑。
一炷煙消火冷，半生身老心閑。

注釋：這是蘇軾寫給黃庭堅的詩，他在詩中寫出鼻觀，遂成為後世香席對聞香的雅稱。

翻香令·金爐猶暖麝煤殘

宋·蘇軾

金爐猶暖麝煤殘，惜香更把寶釵翻。重聞處，餘熏在，這一番、氣味勝從前。
背人偷蓋小蓬山，更將沉水暗同然。且圖得，氤氳久，為情深、嫌怕斷頭煙。

西江月·聞道雙銜鳳帶

宋·蘇軾

聞道雙銜鳳帶，不妨單著鮫綃。夜香知與阿誰燒，悵望水沈煙裊。
雲鬢風前綠卷，玉顏醉裡紅潮。莫教空度可憐宵，月與佳人共僚。

沉香石

宋·蘇軾

壁立孤峰倚硯長，共疑沉水得頑蒼。
欲隨楚客紉蘭佩，誰信吳兒是木腸。
山下曾逢化松石，玉中還有辟邪香。
早知百和俱灰燼，未信人言弱勝強。

子由生日，以檀香觀音像及新合印香銀篆盤為壽

宋·蘇軾

旃檀婆律海外芬，西山老臍柏所薰。
香螺脫黶來相群，能結縹緲風中雲。
一燈如螢起微焚，何時度驚繆篆紋。
繚繞無窮合復分，綿綿浮空散氤氳。
東坡持是壽卯君，君少與我師皇墳。
旁資老聃釋迦文，共厄中年點蠅蚊。
晚遇斯須何足云，君方論道承華勳。
我亦旗鼓嚴中軍，國恩當報敢不勤。
但願不為世所醺，爾來白髮不可耘。
問君何時返鄉枌，收拾散亡理放紛。
此心實與香俱焄，聞思大士應已聞。

注釋：詩中說到檀香、龍腦香是海外之香，而甲香可以收斂香煙，並且用微小的火來熏焚已經做成"壽"字篆文的香印，可見蘇軾對香文化的喜好和研究之深。另外，宋代的文人幾乎人人都要做香印，與品茶、對弈、喂鶴等作為一大人生高品位的樂事。

有惠江南帳中香者戲答六言二首

宋·黃庭堅

一

百鍊香螺沈水，寶熏近出江南。
一穟黃雲繞幾，深禪想對同參。

二

螺甲割昆侖耳，香材屑鷓鴣斑。
欲雨鳴鳩日永，下帷睡鴨春閑。

注釋：黃庭堅號稱"香癡"，對香極為喜好，也有著很深的研究。詩中的沈水是沉香，螺甲是甲香，鷓鴣斑是沉香的一種。

在宋代，黃庭堅等人將禪學融入品香之中，使香席具有了哲學和文化內涵。黃庭堅的侄兒洪芻受他的影響很深，寫出名著《香譜》。

有聞帳中香以為熬蠍者戲用前韻二首

宋·黃庭堅

一

海上有人逐臭，天生鼻孔司南。
但印香嚴本寂，不必叢林徧參。

二

我讀蔚宗香傳，文章不減二班。
誤以甲為淺俗，卻知麝要防閑。

雲居佑禪師燒香頌

宋·黃庭堅

一身入定千身出，雲居不打這鼓笛。
虎駄太華入高麗，波斯鼻孔撐白日。

燒香

宋·陸遊

一

茹芝卻粒世無方，隨時江湖每自傷。
千里一身鳧泛泛，十年萬事海茫茫。
春來鄉夢憑誰說，歸去君恩未敢忘。
一寸丹心幸無愧，庭空月白夜燒香。

二

寶熏清夜起氤氳，寂寂中庭伴月痕。
小斷海沉非弄水，旋開山麝取當門。
蜜房割處春方半，花露收時日未暾。
安得故人同晤語，一燈相對看雲屯？

燒香七言

宋·楊萬里

琢瓷作鼎碧於水，削銀為葉輕如紙。
不文不武火力勻，閉閣下簾風不起。
詩人自炷古龍涎，但令有香不見煙。
素馨忽開抹利拆，底處龍麝和沉檀。
平生飽識山林味，不奈此香殊嫵媚。
呼兒急取烝木犀，卻作書生真富貴。

注釋：這首詩細緻地描繪了宋代的品香活動，可以看出已與今天的香席基本一致了。這也是現代意義上的香席是在宋代形成的有力證據。

醉花陰·薄霧濃雲愁永晝

宋·李清照

薄霧濃雲愁永晝，瑞腦消金獸。佳節又重陽，玉枕紗櫥，半夜涼初透。
東籬把酒黃昏後，有暗香盈袖。莫道不消魂，簾卷西風，人比黃花瘦。

定風波·暮春漫興

宋·辛棄疾

少日春懷似酒濃，插花走馬醉千鐘。老去逢春如病酒，唯有，茶甌香篆小簾櫳。

卷盡殘花風未定，休恨，花開元自要春風。試問春歸誰得見？飛燕，來時相遇夕陽中。

青玉案·元夕

宋·辛棄疾

東風夜放花千樹，更吹落，星如雨。寶馬雕車香滿路。鳳簫聲動，玉壺光轉，一夜魚龍舞。

蛾兒雪柳黃金縷，笑語盈盈暗香去。眾裡尋他千百度，驀然回首，那人卻在，燈火闌珊處。

天香·龍涎香

宋·王沂孫

　　孤嶠蟠煙，層濤蛻月，驪宮夜采鉛水。汛遠槎風，夢深薇露，化作斷魂心字。紅瓷候火，還乍識、冰環玉指。一縷縈簾翠影，依稀海天雲氣。

　　幾回殢嬌半醉。剪春燈，夜寒花碎。更好故溪飛雪，小窗深閉。荀令如今頓老，總忘卻、樽前舊風味。謾惜餘熏，空篝素被。

　　注釋：荀令留香是歷史典故，空篝是指熏籠。

和虞先生箸香

元·薛漢

　　奇芬禱精微，纖莖挺修直。
　　炧輕雪消晛，火細螢耀夕。
　　素煙嫋雙縷，暗馥生半室。
　　鼻觀靜裡參，心原坐來息。
　　有客臭味同，相看終永日。

焚香

明·文徵明

　　銀葉熒熒宿火明，碧煙不動水沉清。
　　紙屏竹榻澄懷地，細雨輕寒燕寢情。
　　妙境可能先鼻觀，俗緣都盡洗心兵。
　　日長自展南華讀，轉覺逍遙道味生。

考盤餘事·香箋

明·屠隆

　　香之為用，其利最溥。物外高隱，坐語道德，焚之可以清心悅神。四更殘月，興味蕭騷，焚之可以暢懷舒嘯。晴窗搨帖，揮塵閑吟，篝燈夜讀，焚以遠辟睡魔，謂古伴月可也。紅袖在側，秘語談私，執手擁爐，焚以熏心熱意。謂古助情可也。坐雨閉窗，午睡初足，就案學書，啜茗味淡，一爐初熱，香靄馥馥撩人。更宜醉筵醒客，皓月清宵，冰弦曳指，長嘯空樓，蒼山極目，未殘爐熱，香霧隱隱繞簾。又可袪邪辟穢，隨其所適，無施不可。

己亥雜詩

清·龔自珍

秋心如海複如潮，惟有秋魂不可招。
漠漠鬱金香在臂，亭亭古玉佩當腰。
氣寒西北何人劍，聲滿東南幾處簫。
一川星斗爛無數，長天一月墜林梢。

壽簡齋先生（節選）

清·席佩蘭

綠衣捧硯催題卷，紅袖添香伴讀書。

筆者閑來無事，作《香席》一首，以供香友們交流。

香席

林燦

沉水自古出海南，論品當要占城先。
香煙一縷說禪道，莫笑紅塵多癡男。

第五編　走向世界的香文化

　　從絲綢之路來的阿拉伯人、波斯人，從海上來的日本遣唐使，以及後來的西方航海家，他們將中國香文化帶到世界各地，並將他們的香文化和中國香文化相互融合，創造出了當今世界璀璨輝煌的香文化，或者說是香的文明。

一、日本香道

日本與中國的文化交流自南北朝時期開始。在聖德皇太子攝政時，日本結束戰亂，百廢待興。此時，也正逢中國結束戰亂，隋朝一統江山，社會各方面都逐漸步入正軌，進入繁榮時期。為學習中國文化和科學技術，極具政治遠見的日本聖德皇太子便正式派出遣隋使出訪中國，全面瞭解學習中國的政治、社會制度和文化。遣隋使這一開拓性的國際交流活動，先後有四次，得到了隋朝皇帝的認可，並給予便利和優待，使得中日文化交流繁榮起來。

唐代，日本進入奈良時代和平安時代。強大而繁榮的大唐對日本來說，無疑具有巨大的吸引力。日本天皇決定延續隋例，繼續學習中國的制度和文化，派出的遣唐使多達十六次，每次包括大使、文書、醫師、翻譯、工匠、留學生等在內的使團成員多達近千人，中日文化交流達到高峰。最有名的遣唐留學生是阿倍仲麻呂，他在中國留學期間，與李白、王維是至交好友。

在最後一次大規模派出遣唐使後，日本對中國的社會政治制度、文化、醫學、科技都已經學習得比較全面，加上活動浩大，國力負擔沉重，於是終止了這種大規模的國家文化交流活動。但是，中日兩國的民間文化交流與商業來往一直沒斷過。日本對於中國文化有專門的學科研究，叫作"漢學"；而把對源自荷蘭的西方文化研究稱為"蘭學"。漢學和蘭學並存，極大地影響著日本文化，並延續到了今天。

現在日本的古典建築、佛學、茶道、花道、書法、圍棋等都學自大唐，或受唐朝文化影響。但日本是一個很善於學習和總結的民族，他們將中國的文化和日本文化相結合，逐漸形成了自己獨特的日本文明。這其中，就有源自中國的香文化，而形成如今有著濃郁日本文化特色的香文化——日本香道。

不過，日本人民對於香文化的起源有另一種說法。據《日本書紀》記載："推古天皇三年春（596 年），有沉木漂至淡路島，島人不知是沉香，作為柴薪燒於灶台，香味遠飄，於是獻之於朝廷。"這段歷史記載，被視為日本香文化的起源，也是眾多日本學者認為日本香道是獨立發展的依據之一。

儘管這些日本學者認為日本香道並非源於中國香文化，而是巧合地與中國品香活動同時產生，獨立發展至今。但筆者認為，鑒真東渡和遣唐使就帶去包括沉香在內的大量香料；中國唐朝在權貴階層就有品香活動，比如"鬥香"；還有中國宋朝開始興起品鑒沉香香味的香席活動雛形；同時大量的香藥和炮製香藥的香方也被帶去日本，在這樣的事實情況下說日本香道是獨自產生，恐怕不能服人。與中國香文化一脈相承的日本香文化，在早期也是採用常見的如蘭、蕙等用於禮佛和衣物的熏香。在奈良時代，遣唐使團帶回了大唐的名貴香料，鑒真東渡也帶去了包括沉香在內的各種香料。從此，日本皇室開始將香料製成香，用於皇室和佛寺的活動。在平安時代，一些貴族開始接觸香料，並逐漸成為一種時尚。他們將各種香木粉末混合，再加入炭粉，最後以蜂蜜調和凝固，這就是所謂的"煉香"。

南宋高宗時期，紹興二十六年，也就是 1156 年，日本的香學名著《香字抄》問世。這是一部詳細記載各種香料的香譜，與陳敬的

《陳氏香譜》類似，對於沉香、棧香（原著寫為"賤香"）、白木香等都有記載。這部書的問世，標誌著日本對香文化的研究進入系統化和體系化時期，為香道的興起奠定了學術基礎。

1333 年，頗有志氣的後醍醐天皇消滅鎌倉幕府後，進行第一次的王政復古，推行新政，史稱建武新政。1335 年，足利尊氏利用平定鎌倉

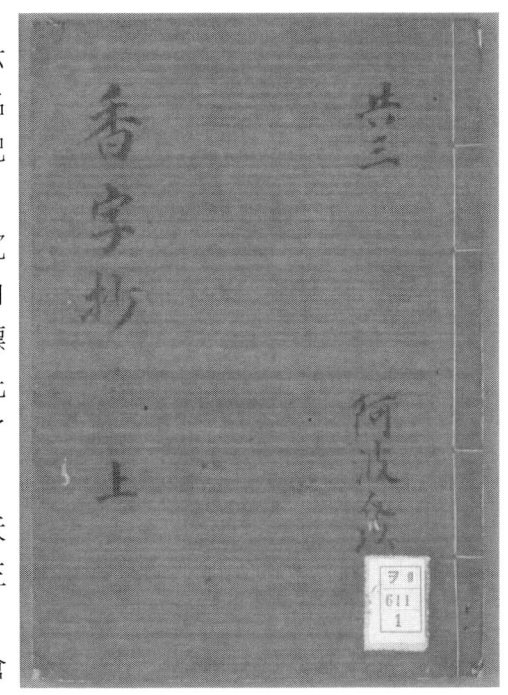

日本《香字抄》

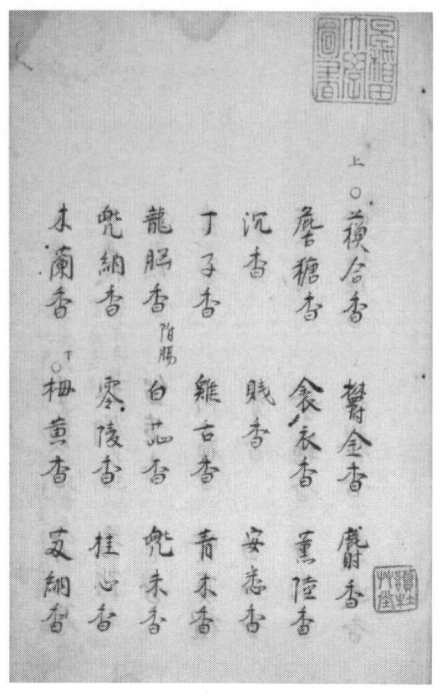

日本《香字抄》內頁

幕府餘黨勢力北條時行叛亂之機，積極擴大自己的實力，在擊敗官軍後逼走後醍醐天皇，擁立光明天皇登基。由此，日本進入南北朝時期：南邊為後醍醐天皇執政，北邊為光明天皇執政。正是在這樣一個充滿著血腥和殺戮的亂世，日本的香文化逐漸發展成為如今的香道。

日本學者研究表明，南北朝時期的佐佐木道譽是香道的鼻祖。

大枝流芳有如下記述："道譽姓佐佐木，名高氏，號京極，佐渡判官，應安年中卒。生於亂世而樂風雅，嗜香。往古用薰物，而入佛道修行以沈香，奇南賞玩，並封以種種名目，則由此人而興起，可稱香道開祖。"

掌握著室町幕府將軍之位的足利家族對沉香極為喜愛，而佐佐木道譽是足利尊氏麾下的武士。或許是這個原因，佐佐木道譽得以接觸名貴的沉香，並以癡迷聞名於全日本。為了得到一塊好的沉香，他可以不惜一切代價。據說，他在一次宴會上焚燒了幾斤的沉香，以示奢華。當足利家族獲得幕府將軍的地位後，佐佐木道譽也成為權臣之一，對當時的政治影響很大。另外，在日本南北朝時期，南北兩帝使天皇的權威受到挑戰，武士們自恃功高，眼裡已經沒有了舊的社會道德，開始挑戰舊文化，試圖開創屬於自己的時代風氣和文化，這樣的武士稱為"婆裟羅"。在此社會背景下，集權力和財富於一身的佐佐木道譽，又以擅長和歌、茶道、品香等名聞全日本，他對於沉香的品鑒方式自然也成為其他武士和貴族效仿的時尚。

這種品香方式就是聞香。

聞香一詞，應該是來源於《法華經》。日本當時的貴族武士非常喜愛聞香，並對喜歡的香料命以各種雅號。比如著名的"蘭奢待"，其他還有名越、忍、無名、河濼、六月、早梅、夏箕川、岸松、三吉野等等。當時的沉香愛好者還對香料的來源和品質進行研究，比如佐佐木道譽所藏有的香料有 177 種，逍遙院三條實隆所藏的禦家香料有 60 餘種。這些現象標誌著日本香文化進入聞香時代後，被賦予了眾多文化意義和內涵，遂形成香道。從時間上看，日本的南北朝時期，大致是中國的元朝，也就意味著日本香道的出現晚於中國宋朝就出現的香席，並且可能是受到了香席的影響。兩者都有一個共同的特點，那就是其品鑒的都是沉香，細心品聞並賦予沉香以文化內涵。

室町後期廷臣、學者一條兼良在其所撰寫的《尺素往來》中，關於香料有如下記載："名香諸品為：宇治、藥殿、山陰、沼水、無名、名越、林鐘、初秋、神樂、逍遙、手枕、中白、端黑、早梅、蔬柳、岸桃、江桂、茢萱、菖蒲、艾、忍、富士根、香粉風、蘭麝袋、伽羅木等。縱令兜樓、婆畢、力伽及海岸六銖、淮仙百和也不及此。手中之物無論新舊均應分賜。合香因在佛之世，故而三國一同用之。尤其好色之家號之為薰物而深藏之。沉香、丁子、貝香、熏陸、白檀、麝香等六種，每方搗移而和之。加詹淌，命名梅花。加郁金命名花桔。加甘松，命名荷葉。加藿香，命名菊花。加零陵，命名侍從。加乳香，命名黑方。此皆發梅檀，沈水之氣，吐麝臍，龍涎之熏者也。"一條兼良是一條經嗣的兒子，精通和歌，博學多才，對於香道有很深的研究，這段話充分說明瞭日本人民對於香道的喜愛，將各種珍貴的香料加以命名，使得日本香道更顯雅致、幽靜。

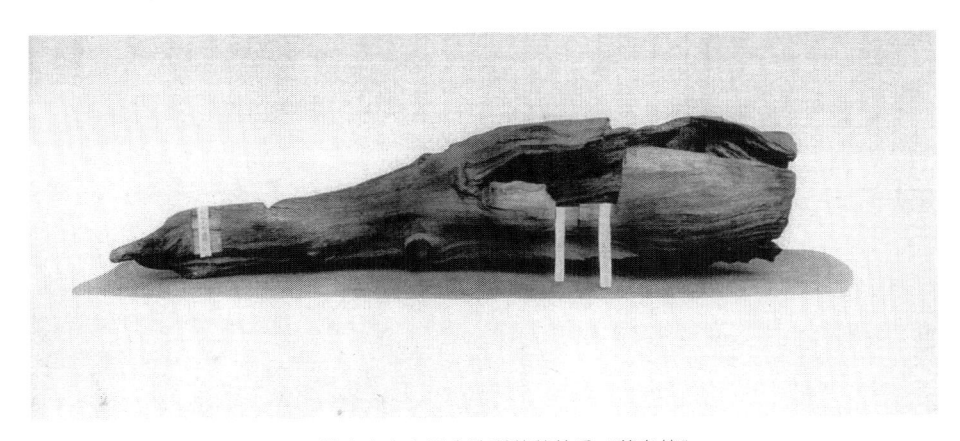

日本東大寺正倉院所藏黃熟香 "蘭奢待"
香材所留三個切口處的付簽分別寫有 "足利義政寬正二年九月約二寸截之"、"織田信長天正二年三月一寸八分截之"、"德川家康慶長七年六月一寸八分截之"。

日本對於香料的知識，除了來自中國外，由於其繁榮的海外貿易，應該有相當部分是直接從東南亞諸國獲得。

據劉良佑先生在《香學會典》中寫道，日本香道所說的香料中，除了"羅國""真南賀"是高棉的沉香外，其他的"佐真羅""真南蠻""寸門多羅""伽羅"都是產自印尼的鷹木沉香。"日本香道中所用的伽羅香，是指南洋鷹木香中的紅棋楠，它只是棋楠香的一種，這和古人所稱的多伽羅、奇楠、伽藍、迦蘭和棋楠的內容，是很不一樣的，所以伽羅和這些名稱絕不可以相互混用。"

這種說法與日本學者的考證不同，似乎有值得商榷之處。在日本有一種比喻用之於六國香木：伽羅為越南所產沉香，苦味，自然而優美，喻之以宮人；羅國為泰國產沉香，甘味，有白檀之味，喻之以武士；真那伽為馬來西亞所產沉香，無味，香氣輕柔豔麗，喻之以女子；真南蠻，鹹味，喻之以百姓；佐曾羅，辣味，香氣冷酸，喻之以僧侶；寸聞多羅，產於印尼，酸味，喻之以地下人。這便是所謂六國五味，其中說伽羅苦味，符合越南沉香的特點，其香味清涼婉轉而美妙。

另據《島夷志略》記載："占城產物中有茄籃木。"《瀛涯勝覽》稱之為伽南香。著名的天文學家、地理學家西川如見（號求林齋）1695年著的《華夷通商考》舉出奇楠。沉香等作為交趾、占城的土產，對奇楠做注如下："深山枯木自朽，隨洪水流於穀水邊，山民拾取者，此為上好。其餘則伐生木，埋於土中，經數年取出，去其腐朽之處而用其心。樹葉似日本女貞。"

這些資料說明，早在南北朝以後，日本香道所用的香料中，已經明確有產自越南占城的沉香和棋楠。而宋朝諸多香學名家在各自的香譜中都有記載棋楠為越南占城所產，這些著作應該都會影響到日本香道。

另外，慶長十一年（1606年），德川家康給占城國王、柬埔寨國主、暹羅國王等寫了信，信中表達了希望獲得上好伽羅香的願望。

筆者傾向於認為，在日本室町時代及後世，"伽羅"可能是在日本古代香道裡特指產自於越南占城的棋楠，而區別於其他品質的沉香，並非是印度尼西亞鷹木的紅棋楠。

在對香料有了全面的瞭解和佐佐木道譽開創香道後，日本香道在三條西實隆的推動下出現了流派——禦家流，志野宗信在隨三條西實隆學習香道後又開創了另一大流派——志野流。如今，日本香道已經有上百個流派。這兩位香道大師確立了對香的品級的評判標準和對香材的鑒賞。至此，日本香道形成了。

禦家流的創立者三條西實隆是公卿貴族，擅長和歌、書法，有著深厚的文化素養和修為。他酷愛聞香，並收藏了很多香木，在自己的日記《實隆公記》中記載了很多關於香料和玩香的事情。三條西實隆尤其重視品味聞香的儀式和程式，這樣使得香道高貴、典雅，具有貴族氣質。

日本志野流香道的香灰五分法

他還提出了"六國五味"的評判標準，奠定下禦家流香道的基礎。現在的家元（類似中國的掌門人、大當家）是三條西堯水。

志野流的創始人志野宗信，三代無後傳給家臣蜂谷宗悟。現在的家元是第20代，蜂谷宗玄。志野流現在有兩萬多名弟子。

對於注重精神修為的日本香道來說，流派間最主要的區別在於對精神和心靈修持的側重點不同。如禦家流香道追求貴族氣質，將香道的過程展現得更古樸，類似宮廷禮儀。志野流香道在志野宗信創立時，日本武士階層崛起，因此志野流注重武家精神。相比禦家流來說，志野流香道講求類似禪的內心寧靜以及枯空的冥想，並且在形式上要稍微簡化一些。志野流的炭熏伺灰與禦家流也略有不同，六合陰陽敬神，五行分化侍人，四方天地祀故。

此外，還有米川流、風早流、古心流、泉山禦流、翠風流等大小流派。各派香道大體是一致的，只有細微差別。

日本的香客根據名著《源氏物語》，還總結出一套源氏香紋的玩法。

首先選五種香材，各備五包，共二十五包。

然後，主香人將香包打亂。從中任取五包，一次以香爐熏一包香，讓客人輪流聞賞，反復五次。

當五包香材賞完後，客人以下面的源氏香紋的記法在紙上記下五種香的異同。

每種香用一根分隔號代表，從右向左看。根據下面的源氏香紋圖表，如果這五種香的味道都不一樣，那麼便對應著圖示最右上角的："帚木，吉，五月、六月"。

如有某種香的味道一致，是同一種香材的話，那麼就把所對應的分隔號連起來，再看對應圖表的意義。例如，第二、三、四、五次的香相同時，將從第二根到第五根的分隔號頂端連起來，為"末摘花，吉，四季"。如果第二次和第三次的香相同時，為"夕顏，凶，六、七、八月"。這樣以此類推，參與識香遊戲的香客需要一定的鑒別力，才能準確分辨出香的不同，並得到類似占卜的預測禍福。根據《源氏物語》的內容，人們還對這些源氏香紋賦予了一定的文學意義。如空蟬成功地避開了源氏的各種誘惑，又不失女子之情趣，結局不錯，為吉兆。而夕顏，容顏甚美，先是不能與情人相守，後托身於源氏卻被鬼魅奪去性命，為凶兆。

這些源氏香紋，古樸雅致，代表著日本人民質樸的審美觀，深得人民喜愛，常被織染於和服之上或者是作為幡幟。這既說明香道在日本的影響之大，也說明《源氏物語》對日本文化的影響之深。

日本源氏香紋對應圖

日本香道和中國香席有一個區別，就是日本香道將聞香放到遊戲之中，注重玩法。除了源氏香紋外，還有很多玩法，比如競馬香。

　　競馬香是一種富有遊戲色彩的聞香行為。它的靈感來源於京都"上賀茂神社"的社祭活動——競馬。競香時，在一個畫著格子的競香盤上，放置兩個平安時代風格的騎馬偶人，分別著赤色、玄色和服。客人可以是兩位，也可以是兩隊，各選一個偶人作為自己的代表。首先香主先給出幾種香讓香客逐一試聞，這是試香。然後打亂這幾種香的順序，再讓香客鑒賞。香客在香箋上寫下該香屬於試香時使用的哪一種香。答對者，將香盤上代表自己的那一人偶前移一格，最先到達終點者為勝。

　　還有一種玩香之法為組香。

　　據資料介紹，十種香是組香的基礎。任何形式的組香都是一種香變化的結果。具體做法是：(1)首先選出底香；(2)用三種香同底香搭配試香；(3)將三種香各分為三份，共九份，另加上一份沒有參加過試香的香，共十份，然後打亂順序；(4)參加儀式者根據香味，判斷該香屬於試香時使用的哪一種香，以猜中的數量決勝負。

　　組香必須使用兩種以上的香，以文學作品和詩人的情感為基礎，體現在香的創作之中。例如："古今香"必須由鶯、蛙、歌三部分組成，所以必須首先相應地選三種香代表鶯、蛙、歌。將代表鶯、蛙的香各分成五包，首先取其中的任一份參加試香。聞"古今香"的人，腦子裡必須反映出《古今集》（古詩集）中的詩歌，為香增添詩意。今天日本的組香方法約有七百多種，而每一組香都是極其複雜的組合。可以說日本的香道與文學有著十分密切的聯繫。

　　從源氏香紋和競馬香可以看出，日本香道的玩法都以聞香識別為核心，這要求參與者熟悉各種香材的品性和氣味，能分辨出其中細微的差別，例如辛味重的印尼沉香和清香味的越南沉香的細微差別。達到這種辨識能力的人，其心性修持都已到一定階段，寧靜致遠，恬淡並自得，恰如沉香的香味一般，經過了百年歷練，已洗淨纖塵，幽靜而枯靈。

　　不難看出，受中國文化和佛學、心學影響極深的日本香道，是可以提升自己內心修為的一種方式，以香道入禪、參禪，進入空山絕穀一般的境界，將自己與大自然合一，與古往今來的文化合一，這樣的體驗便是香道。

　　1603年，征夷大將軍德川家康在江戶建立幕府，日本結束戰國時代，在一片廢墟上進入江戶時代。這一時期，日本的經濟發展很快，大阪等城市逐漸繁榮起來，還形成了大米期貨的早期形式"堂島大米市場"。同時，日本與越南、印尼、菲律賓等國的海上貿易隨著"朱印船"的開通，呈現出一派勃勃生機，還帶回了大量的東南亞沉香。在經濟發展的推動下，受中國程朱理學和王陽明心學影響的日本文學、哲學、繪畫等文化事業百花齊放，香道也在這一時期越發精緻起來。

準確地說，日本香道是在奈良、平安時代發源，在室町時代由佐佐木道譽、三條西實隆、志野宗信等香學大師確立，然後在江戶時代發展成熟而遠流至今的。

然而，隨著黑艦事件爆發，日本的幕府制度已無法適應社會的發展演進，封建社會被資本主義取代，新的西方文化被大量引入，傳統文化跌入低谷，香道也隨之衰落。直到二戰以後，香道才逐步在日本恢復和繁榮起來。

如今，日本香道以其獨有的魅力和深厚的文化內涵，受到世界上越來越多人的喜愛。由於中國的文化巨殤和斷層，中國的傳統香席已經難覓蹤影，一些愛好香文化的有識之士便遠赴日本，從傳統的禦家流和志野流香道裡研習香文化的奧秘，尋找中國香席的蹤影，結合中國古代的各種典籍，逐步恢複高貴雅致的中國香席。現在，這樣的文化保護工作已經取得一定成就，香席在一些地方恢復起來。同時，上海、廣州、杭州等地也出現了很多日式風格的香道館。尤其是我國臺灣地區，香道文化發展得很成熟，很多愛好沉香，喜歡香道的朋友時常一起品鑒沉香之美、香道之趣，共用傳統文化的魅力。

這也是當代香文化的一大幸事。

二、中東與阿拉伯地區的香文化

歷史資料表明，中國古代的很多香料都是由阿拉伯商人販運而來的。這些阿拉伯人騎著駱駝，伴隨著悠揚的駝鈴聲，穿越過浩瀚的沙漠，經過絲綢之路風塵僕僕地走到長安，走到洛陽；或者是乘坐著帆船，經過"海上絲綢之路"，駛進他們稱之為"康屯"的廣州和"宰桐城"的泉州港口。他們帶來了琳琅滿目的各種西域商品，中原的達官貴人爭相搶購的便是香料。乳香、大食水、蘇合香、龍涎香、沒藥等香料散發出的奇異香味，讓中國的貴族們如癡如醉，不惜一擲千金，而產自東南亞的沉香、檀香等香料也有相當部分是由這些阿拉伯的商人運至中原的。

古時候，阿拉伯地區是科技和經濟發達的地區，連接著繁榮的中國與歐洲，是絲綢之路的中轉站，在貿易方面有著戰略優勢。阿拉伯帝國建立後，兵鋒直指蔥嶺，以十余萬阿拉伯聯軍打敗了三萬精銳唐軍，這是大唐由盛轉衰的一個轉捩點。在超過一千年的時間裡，富庶的阿拉伯人、波斯人壟斷著東方與西方的貿易往來，將中國的商品販運到歐洲，又將歐洲和中東的商品販運到中國，獲得巨大的貿易利潤。他們的足跡遍佈印度半島、中南半島、蘇門答臘、菲律賓等地，每到一處，他們就會收購當地的自然資源，裝上他們的大船，這裡面最吸引人的莫過於香料。

阿拉伯人、波斯人自古就非常喜歡香料。和中國人一樣，香料是他們的日常生活中必不可少的東西。中國人早期用蘭、蕙、蕭等香草熏香，後用沉香、龍腦、麝香，阿拉伯人和波斯人則用當地產的香料和貿易來的東南亞香料。比如產於南阿拉伯半島和東非地區的乳香，產於波斯、安息國等地的安息香，產於大秦國的蘇合香，產於大食國的龍涎香和大食水。

大食國幅員遼闊，自然資源豐富，但卻乾旱少雨。丁謂的《天香傳》記載了這樣一段故事：「薰陸、乳香長大而明瑩者，出大食國。彼國香樹連山野路，如桃膠松脂，委於石地，聚而斂之，若京坻香山，多石而少雨，載詢番舶。則云：『昨過乳香山，彼人云，此山不雨已三十年矣。香中帶石末者，非濫偽也，地無土也。然則此樹若生於塗泥，則香不得為香矣。』」這段話的大意是，薰陸、乳香又長又大，晶瑩剔透，出自於大食國。那個國家有個地方到處都長滿了香樹，漫山遍野。這些乳香就像中國的桃樹所結的桃膠，松樹的松脂，散落在沙石地上。當地人收起這些乳香顆粒，疊起來就像一座高高的香山。這個國家沙石多，雨水少。曾經問過大食國來的貿易商船的人，他們說：「前段時間經過乳香山下，當地人說，這乳香山已經三十年沒下雨了。」這樣的乳香中帶有沙石，並非是假的乳香，只是因為地上沒有泥土而只有沙石。如果這些樹生長在泥土之中，可能就無法結出乳香了。

　　真是自然造化。不僅是一方水土養一方人，一方水土也只能養一種香。只有大食國那樣的地質條件、那樣的氣候才能產出乳香這樣神奇的香料來，而沉香卻只能在溫潤潮濕的熱帶雨林中才能結成。

　　古代阿拉伯地區的科技比較發達，還率先發明了蒸餾提純技術。這大概是阿拉伯地區盛行的煉金術，在偶然之間得到上天恩賜，才有此發明。有了蒸餾提純技術，才能從薔薇花中提取出薔薇水。因為產自大食國，便被中國人稱為大食水。阿拉伯人非常喜歡這種香水，每天用指甲取一滴大食水，塗抹到耳郭裡，這樣全身都充滿了令人陶醉的香氣，終日不散。另外，利用這種技術還可以從茉莉花中提取香油。阿拉伯商人則將這些大食水販運到中國，進獻給中國的皇帝，以獲得在中國行商方面的許可和照顧，有的甚至能加官晉爵。如中國五代時期，就有一個叫蒲訶散的人，一次給當時的皇帝獻了十五瓶大食水，使得龍顏大悅，後宮開顏。另外，阿拉伯人不僅帶來了珍貴的香水，還將蒸餾提純技術帶到了中國。有資料顯示，這種蒸餾提純技術可能是給了阿拉伯人以極高待遇才獲得的，並且，最初應該是從廣州、泉州等香料貿易集散地開始的。這在宋代蔡絛的《鐵圍山叢談》中得以印證，「至五羊效外國造香」這句話說的就是廣州城開始仿製大食水。有了這種提純香水的技術，皇室以外的中國人開始享受香水的奇異香味，香飄數十步外，多日不歇。於是，香水成為與熏香不同的用香方式，並延續至今。

除了為世界貢獻提香蒸餾術，造出大食水外，這一地區熏香也盛行起來。可以說，只要有阿拉伯人的地方，不論是王室貴族、部落酋長，還是騎著駱駝遊牧四方的普通人家，也不管是在開羅、巴格達這些熙攘熱鬧的大城市，還是空曠無垠的戈壁沙漠腹地的帳篷裡，都可以聞到熏香的香味。

蘇合香，這種在漢代就被中國皇親國戚爭相搶購的香料，史料記載其產自大秦國，也就是今天所說的羅馬帝國。不過，當時的羅馬帝國幅員遼闊，而蘇合香的真正產地，就是今天的土耳其、敘利亞等地。當時的人們將蘇合樹的樹皮割傷，損壞木質部分，使帶有香味的樹脂滲入到樹皮，秋天時再剝下樹皮，然後榨出香脂，用蒸餾法提純，最後得到萬金難求的蘇合香。

在波斯，所出產的安息香很早就進入中國，成為一種用於醫學的香藥。波斯帝國在強盛時期，一直控制東方世界與歐洲的香料貿易，直到阿拉伯帝國的興起。

在阿曼，到處都散發著一種名為"比紮爾"的混合香料的濃郁芳香，它是由小豆蔻、肉桂、藏紅花、歐蒔蘿、丁香、胡椒子等香料混合而成。如果到阿曼人家裡去做客，吃過飯後，主人會給客人端上擺放著各種香水的盤子。客人可以選擇自己喜愛的香水，噴在身上或衣服上。然後，主人會端來一隻阿拉伯風格的香爐，爐裡燒著木炭，往爐裡撒進幾粒乳香等香料，整個屋子就芳香四溢。這樣的風俗，既清新了室內空氣，又愉悅了客人，相當於用香味招待了客人，和中國的香席有著異曲同工之妙。

在埃及，遠在法老時期就開始使用香油和香膏，開羅也是世界上最大的香料貿易集散地。在這個古老的城市，世界各地的香料都彙集到哈利利市場，到處都充滿著濃郁的馥香。埃及最有名的香水叫"巴拉諾"，是從巴拉諾樹的果實中挑出果核，用來榨出油脂，按比例加入沒藥和松香後，就成為"巴拉諾"香水。還有很多聞名世界的香油，比如"阿拉伯茉莉""克利歐佩特拉""夜幕法洛斯"等等，埃及人自古就用這些香油在沐浴後塗抹全身，既可以祛除身體的臭味，又可以保健。

在約旦，招待客人的咖啡，是用咖啡加香料製成。還有很多涉及香料的地方，無一不顯示著阿拉伯地區和香料的緊密聯繫，

那裡的每個人的日常生活都和香料息息相關。今天的阿拉伯地區，由於盛產石油而獲得了巨大財富，仍然對香料有著巨大的需求。

在柬埔寨,在曼谷,在吉隆玻,在雅加達,在所有能買到沉香等名貴香料的地方,都有阿拉伯人的蹤影。相比之下,他們對柬埔寨沉香比較偏好,可能與他們的熏香習慣有關。他們熏香和中國香席不一樣,沒有在炭火與香料之間隔著雲母片,其熏香方式應該無法體驗到海南沉香"清遠悠長"的美妙感受。

　　不過,一方水土養一方人。與中國的地理條件、氣候、文化傳承、宗教信仰都有著巨大差異,在熏香方式上存在不同也不足為奇。但是,我們和他們都沉浸於香文化,都喜愛香料,這已經有幾千年的歷史了,並且還在不斷交流著,互相影響著。

附　錄

附錄一

天香傳

宋·丁謂

香之為用從上古矣，所以奉神明，可以達蠲潔。三代禮享，首惟馨之薦，而沉水、薰陸無聞焉。百家傳記萃眾芳之美，而蕭薌鬱邑不尊焉。《禮》云："至敬不享味貴氣臭也。"是知其用至重，採制粗略，其名實繁而品類叢脞矣。觀乎上古帝王之書，釋道經典之說，則記錄綿遠，讚頌嚴重，色目至眾，法度殊絕。

西方聖人曰："大小世界，上下內外，種種諸香。"又曰："千萬種和香，若香、若丸、若末、若塗以香花、香果、樹香、天和合之香。"又曰："天上諸天之香，又佛土國名眾香，其香比於十方人天之香，最為第一。"道書曰："上聖焚百寶香，天真皇人焚千和香，黃帝以沉榆、蒪荚為香。"又曰："真仙所焚之香，皆聞百里，有積煙成雲、積雲成雨，然則與人間共所貴者，沉水、熏陸也。"故《經》云："沉水堅株。"又曰："沉水香，堅降真之夕，傍尊位而捧爐香者，煙高丈餘，其色正紅。得非天上諸天之香耶？"

《三皇寶齋》香珠法，其法雜而末之，色色至細，然後叢聚杵之三萬，緘以銀器，載蒸載和，豆分而丸之，珠貫而曝之，且曰"此香焚之，上徹諸天"。蓋以沉水為宗，薰陸副之也。是知古聖欽崇之至厚，所以備物寶妙之無極，謂變世寅奉香火之薦，鮮有廢者，然蕭茅之類，隨其所備，不足觀也。

祥符初，奉詔充天書扶持使，道場科醮無虛日，永晝達夕，寶香不絕，乘輿肅謁則五上為禮（真宗每至玉皇真聖聖祖位前，皆五上香）。馥烈之異，非世所聞，大約以沉水、乳香為本，龍香和劑之，此法實稟之聖祖，中禁少知者，況外司耶？八年掌國計而鎮旄鉞，四領樞軸，俸給頒賚隨日而隆。故苾芬之著，特與昔異。襲慶奉祀日，賜供內乳香一百二十觔（入內副都知張繼能為使）。在宮觀密賜新香，動以百數（沉、乳、降真黃香），由是私門之內沉乳足用。

有唐雜記言，明皇時異人云："醮席中，每爇乳香，靈祇皆去。"人至於今傳之。真宗時，新稟聖訓："沉、乳二香，所以奉高天上聖，百靈不敢當也，無他言。"上聖即政之六月，授詔罷相，分務西雒，尋遷海南。憂患之中，一無塵慮，越惟永晝晴天，長霄垂象，爐香之趣，益增其勤。

素聞海南出香至多，始命市之於閭里間，十無一有假。版官裴鶚者，唐宰相晉公中令公之裔孫也。土地所宜，悉究本末，且曰："瓊管之地，黎母山酋之，四部境域，皆枕山麓，香多出此山，甲於天下。然取之有時，售之有主，蓋黎人皆力耕治業，不以採香專利。閩越海賈，惟以余杭船即市香。每歲冬季，黎峒待此船至，方入山尋採。州人役而賈，販盡歸船商，故非時不有也。"

香之類有四，曰沉、曰棧、曰生結、曰黃熟。其為狀也十有二，沉香得其八焉。曰烏文格，土人以木之格，其沉香如烏文木之色而澤，更取其堅格，是美之至也。曰黃蠟，其表如蠟，少刮削之，鷽紫相半，烏文格之次也。牛目，與角及蹄。曰雉頭、洎髀、若骨，此沉香之狀。土人則曰：牛目、牛角、牛蹄、雞頭、雞腿、雞骨。曰昆侖梅格，棧香也，此梅樹也，黃黑相半而稍堅，土人以此比棧香也。曰蟲鏤，凡曰蟲鏤，其香尤佳，蓋香兼黃熟，蟲蛀及蛇攻，腐朽盡去，菁英獨存香也。曰傘竹格，黃熟香也，如竹色，黃白而帶黑，有似棧也。曰茅葉，有似茅葉至輕，有入水而沉者，得沉香之餘氣也，然之至佳，土人以其非堅實，抑之為黃熟也。曰鷓鴣斑，色駁雜如鷓鴣羽也，生結香者，棧香未成沉者有之，黃熟未成棧者有之。

凡四名十二狀，皆出一本，樹體如白楊、葉如冬青而小膚表也，標末也。質輕而散，理疏以粗，曰黃熟。黃熟之中，黑色堅勁者，曰棧香，棧香之名相傳甚遠，即未知其旨，惟沉水為狀也，骨肉穎脫，芒角銳利，無大小、無厚薄，掌握之有金玉之重，切磋之有犀角之勁，縱分斷瑣碎而氣脈滋益。用之與梟塊者等。鶚云："香不欲絕大，圍尺以上慮有水病，若勉以上者，中含兩孔以下，浮水即不沉矣。"又曰："或有附於柏枿，隱於曲枝，蟄藏深根，或抱真木本，或挺然結實，混然成形。嵌如穴穀，屹若歸雲，如矯首龍，如峨冠鳳，如麟植趾，如鴻啜翮，如曲肱，如駢指。但文彩緻密，光彩射人，斤斧之跡，一無所及，置器以驗，如石投水，此寶香也，千百一而已矣。夫如是，自非一氣粹和之凝結，百神祥異之含育，則何以群木之中，獨稟靈氣，首出庶物，得奉高天也？"

占城所產棧沉至多，彼方貿遷，或入番禺，或入大食。貴重沉棧香與黃金同價。鄉耆云：「比歲有大食番舶，為颶所逆，寓此屬邑，首領以富有自大，肆筵設席，極其誇詫。」州人私相顧曰：「以貲較勝，誠不敵矣，然視其爐煙蓊鬱不舉、乾而輕、瘠而焦，非妙也。」遂以海北岸者，即席而焚之，其煙杳杳，若引東溟，濃腴渨渨，如練凝漆，芳馨之氣，特久益佳。大舶之徒，由是披靡。

　　生結香者，取不候其成，非自然者也。生結沉香，與棧香等。生結棧香，品與黃熟等。生結黃熟，品之下也。色澤浮虛，而肌質散緩，然之辛烈，少和氣，久則潰敗，速用之即佳，若沉棧成香則永無朽腐矣。

　　雷、化、高、竇，亦中國出香之地，比海南者，優劣不侔甚矣。既所稟不同，而售者多，故取者速也。是黃熟不待其成棧，棧不待其成沉，蓋取利者，戕賊之也。非如瓊管，皆深峒黎人，非時不妄剪伐，故樹無夭折之患，得必皆異香。曰熟香，曰脫落香，皆是自然成者。余杭市香之家，有萬觔黃熟者，得真棧百觔則為稀矣；百觔真棧，得上等沉香十數觔，亦為難矣。

　　薰陸、乳香長大而明瑩者，出大食國。彼國香樹連山野路，如桃膠松脂，委於石地，聚而斂之，若京坻香山，多石而少雨，載詢番舶。則云：「昨過乳香山，彼人云，此山不雨已三十年矣。香中帶石末者，非濫偽也，地無土也。然則此樹若生於塗泥，則香不得為香矣。天地植物其有旨乎？」

　　贊曰：「百昌之首，備物之先，於以相禋，於以告虔，孰歆至薦？孰享芳焰？上聖之聖，高天之天。」

附錄二

香譜*

宋·洪芻

香譜卷上

香之品（四十二品）

龍腦香	麝香	沈水香	白檀香	蘇合香	安息香
鬱金香	雞舌香	薰陸香	詹糖香	丁香	波律香
乳香	青桂香	雞骨香	木香	降真香	艾蒳香
甘松香	零陵香	茅香花	毾香	水盤香	白眼香
葉子香	雀頭香	芸香都	蘭香	芳香	蘼香
蕙香兜	白膠香	梁香兜	甲香	白茅香	必栗香
妻香	藒車香	納香	耕香	木蜜香	迷迭香

香之異（四十品）

都夷香	茶蘼香	辟寒香	月支香	振靈香	千畝香
十裡香	酴齊香	龜甲香	兜末香	沈光香	沈榆香
茵墀香	石葉香	鳳腦香	紫述香	威香	百濯香
龍文香	千步香	薰肌香	蘅蕪香	九和香	九真雄麝香
罽賓國香	拘物頭花香	升霄靈香	祇精香	飛氣香	
金磾香	五香	千和香	兜婁婆香	多伽羅香	大象藏香
牛頭旃檀香	羯布羅香	蒼蔔花香			

*洪芻之《香譜》與陳敬之《陳氏香譜》內容大體相近，因此僅摘錄目錄和序言。

香譜卷下

香之事

述香　香序　香尉　香市　薰爐　懷香　香戶　香洲　披香殿
採香徑　啖香　愛香　含香　竊香　香囊　沈香床　金香爐
博山香爐　被中香爐　沈香火山　檀香亭　沈香亭　五色香煙
香珠　金香　鵲尾香爐　百刻香　水浮香　香篆　焚香讀孝經
防蠹　香溪　床畔香童　四香閣　香界　香嚴童子

香文

天香傳　古詩詠香爐　齊劉繪詠博山香爐詩　梁昭明太子銅博山香爐賦
漢劉向薰爐銘　梁孝元帝香爐銘　古詩

香之法

蜀王薰禦衣法　江南李王帳中香法　唐化度寺牙香法
雍文徹郎中牙香法　延安郡公蘂香法　供佛濕香　牙香法　又牙香法
又牙香法　又牙香法　又牙香法　又牙香法　印香法　又印香法
傳身香粉法　梅花香法　衣香法　窨酒龍腦丸法　球子香法　窨香法
薰香法　造香餅子法

序

　　《書》稱："至治馨香，明德惟馨。反是則曰腥，聞在上。"《傳》以芝蘭之室、鮑魚之肆為善惡之辨。《離騷》以蘭、蕙、杜蘅為君子；糞壤、蕭艾為小人。君子澡雪其身心，熏祓以道義，有無窮之聞，餘之《譜》，亦是意云。

附錄三

和香序[*]

劉宋·範曄

　　麝本多忌，過分必害；沉實易和，盈斤無傷。零藿燥虛，詹唐粘濕，甘松、蘇合、安息、郁金、捺多和羅之屬，並被珍於外，無取於中土。又棗膏昏蒙，甲煎淺俗，非惟無助於馨烈，乃當彌增於尤疾也。

　　此序所言，悉以類比朝士。麝木多忌比庾憪之，棗膏昏蒙比羊玄保，甲煎淺俗比徐湛之，甘松蘇合比惠休道人，沉實易和蓋自比也。

---

*　此序為範曄所著《和香方》的序言，原著已失傳，只留下此序。

附錄四

香乘[*]

明·周嘉冑

原序

吾友周江左,為《香乘》所載天文地理人事物產,囊括古今,殆盡矣。餘無複可措一辭。《葉石林燕語》述章子厚自嶺表還,言神仙升舉形滯難脫,臨行須焚名香百餘觔,以佐之。廬山有道人積香數斛,一日盡發,命弟子焚於五老峰下,默坐其傍,煙盛不相辯,忽躍起在峰頂。言出子厚與,所謂返魂香之說,皆未可深信。然詩禮所稱燔柴事天,蕭蓺供祭蒸,享苾芬,升香椒,馨達神明,通幽隱,其來久遠矣。佛有眾香國,而養生煉形者,亦必焚香,言豈盡誣哉?古人香臭字通謂之臭,故大學言如惡,惡臭。而孟子以鼻之於臭為性。性之所欲不得,而安於命。餘老矣,薄命不能得致奇香,展讀此乘,芳菲菲兮襲余計。人性有同好者,案頭各置一冊,作如是鼻觀否。夫以香草比君子,屈宋諸君騷賦累累不絕書,則好香故余楚俗。周君維揚人,實楚產。兩人譬之草木,吾臭味也。李維楨序。

餘好睡,嗜香,性習成癖,有生之樂在茲,遁世之情彌篤。每謂霜裡佩黃金者,不貴於枕上黑甜;馬首擁紅塵者,不樂於爐中碧篆,香之為用大矣哉。通天集靈祀先供聖,禮佛籍以導誠。祈仙因之升舉,至返魂祛疫、辟邪飛氣,功可回天。殊珍異物,累累征奇,豈惟幽窗破寂,繡閣助歡已耶。少時嘗為此書鳩集一十三卷,時欲命梓,殊歉掛漏乃複窮搜遍輯。積有年月,通得二十八卷。嗣後,次第獲睹洪、顏、沈、葉四氏香譜,每譜卷帙寥寥,似未賅博。然又皆修合香方過半,且四氏所纂互相重複,至如幽蘭木蘭等賦

---

[*] 節選部分斷句為筆者所做,錯誤遺漏之處在所難免,希望起拋磚引玉的作用,待有識之士更正。

於譜無關，經餘所採通不多則。而辯論精審，葉氏居優，其修合諸方，實有資焉。複得晦齋香譜一卷，墨娥小錄香譜一卷，並全錄之。計餘所纂，頗亦浩繁。尚冀海底珊瑚，不辭探討，而異跡無窮，年力有盡。乃授剞劂布諸藝林，卅載精勤，庶幾不負，更欲纂《睡》一書，以副初志。李先生所為序，正在一十三卷之時。今先生下世二十年，惜不得餘全書，而為之快讀。不勝高山仰止之思焉！周嘉冑序。

香乘目錄

卷一·······香品

卷二·······香品

卷三·······香品

卷四·······香品

卷五·······香品

卷六·······佛藏諸香

卷七·······宮掖諸香

卷八·······香異

卷九·······香事分類

卷十·······香事分類

　　臣等謹案：《香乘》二十八卷，明周嘉冑撰。嘉冑，字江左，揚州人。此書初纂於萬曆戊午。止一十三卷，李維楨為作序。後自病，其疏略續輯，為二十八卷。以崇禎辛巳刊成。嘉冑自為前後二序。其書凡香品五卷，佛藏諸香一卷，宮掖諸香一卷，香異一卷，香事分類二卷，香事別錄二卷，香緒餘一卷，法和眾妙香四卷，凝合花香一卷，熏佩之香、塗傅之香共一卷，香屬一卷，印香方一卷，印香圖一卷，晦齋香譜一卷，墨娥小錄香譜一卷，獵香新譜一卷，香爐一卷，香詩、香文各一卷。採摭極為繁富，考南宋以來，有洪芻、葉廷珪諸家之譜。今或傳或不傳，真傳者亦篇帙廖廖。故周紫芝《太倉稊米集》，稱所征香事多在洪譜之外。嘉冑此編殫二十餘年之力，凡香名品故實以及修合賞鑒諸法，無不旁徵博引，一一具有始末。自有香譜以來，惟陳振孫《書錄解題》載有《香嚴三昧》十卷，篇帙最富。嘉冑此集，乃幾於三倍之。談香事者，固莫詳備於斯矣。

乾隆四十六年六月恭校上。

香乘卷一

香品（隨品附事實）

香最多品類，出交廣、崖州及海南諸國。然秦漢以前未聞，惟稱蘭蕙椒桂而已。至漢武奢廣，尚書郎奏事者始有含雞舌香，及諸夷獻香種種征異。晉武時，外國亦貢異香。迨煬帝除夜，火山燒沈香甲煎不計數，海南諸香畢至矣。唐明皇君臣多有用沈檀腦麝為亭閣，何多也。後周顯德間，昆明國又獻薔薇水矣。昔所未有，今皆有焉。然香一也，或生於草，或出於木，或花或實，或節或葉，或皮或液，或又假人力煎和而成。有供焚者，有可佩者，又有充入藥者。詳列如左。沈水香（考證一十九則），木之心節，置水則沈，故名沈水，亦曰水沈。半沈者為棧香，不沈者為黃熟香。《南越志》言："交州人稱為蜜香，謂其氣如蜜脾也，梵書名阿迦嚧香。"

香之等凡三，曰沈、曰棧、曰黃熟是也。沈香入水即沈，其品凡四。曰熟結，乃膏脈凝結自朽出者。曰生結，乃刀斧伐僕膏脈結聚者。曰脫落，乃因木朽而結者。曰蟲漏，乃因蟲隙而結者。生結為上，熟脫次之。堅黑為上，黃色次之。角沈黑潤，黃沈黃潤。蠟沈柔韌，華沈紋橫。皆上品也。

海島所出，有如石杵，如肘，如拳，如鳳雀、龜蛇、雲氣、人物。及海南馬蹄、牛頭、燕口、繭、栗、竹、葉、芝、菌、梭子、附子等香，皆因形命名耳。其棧香入水，半浮半沈，即沈香之半結。連木者，或作煎香，番名婆菜香，亦曰弄水香，甚類熠刺。雞骨香、葉子香，皆因形而名。有大如笠者，為蓬萊香。有如山石枯槎者，為光香，入藥皆次於沈水。其黃熟香，即香之輕虛者，俗訛為速香是矣。有生速斫伐而取者，有熟速腐朽而取者，其大而可雕刻者，謂之水盤頭，並不可入藥，但可焚爇。（《本草綱目》）

嶺南諸郡，悉有傍海處，尤多交干連枝，岡嶺相接千里不絕，葉如冬青，大者數抱，木性虛柔，山民以構茅廬或為橋樑，為飯甑。有香者，百無一二。益木得水方結，多有折枝枯乾。中或為沈，或為棧，或為黃熟，自枯死者謂之水盤香。南息高竇等州惟產，生結香益山民入山以刀斫曲乾斜枝成坎，經年得雨水浸漬遂結成香，乃鋸取之，刮去白木，具香結為斑點，名鷓鴣斑，燔之極清烈。香之良者，惟在瓊崖等州，俗謂之角沈、黃沈，乃枯木得者，宜入藥用。依木皮而結者，謂之青桂，氣尤清。在土中歲久，不待創剔而成薄片者，謂之龍鱗，削之自卷，咀之柔韌者，謂之黃蠟沈，尤難得也。

（同上）

諸品之外，又有龍鱗、麻葉、竹葉之類，不止一二十品。要之入藥，惟取中實沈水者。或沈水而有中心空者，則是雞骨，謂中有朽路，如雞骨。血眼也。

（同上）

沈香所出非一，真臘者為上，占城次之，渤泥最下。真臘之香，又分三品，綠洋極佳，三濼次之，勃羅間差弱。而香之大，生結者為上，概熟脫者次之。堅黑為上，黃者次之。然諸沈之形多異，而名不一，有狀如犀角者，有如燕口者，如附子者，如梭子者，是皆因形而名。其堅致而有紋橫者，謂之橫隔沈。大抵以所產氣色為高，而形體非以定優劣也。綠洋、三濼、勃羅間皆真臘屬國。（葉廷珪《南番香錄》）

蜜香、沈香、雞骨香、黃熟香、棧香、青桂香、馬蹄香、雞舌香，按此八香同出於一樹也。交趾有蜜香樹，幹似欅柳，其花白而繁，其葉如橘。欲取香，伐之，經年，其根幹枝節各有別色，木心與節堅黑沈水者為沈香；與水面平者為雞骨香；其根為黃熟香；其幹為棧香；細枝緊實未爛者為青桂香；其根節輕而大者為馬蹄香；其花不香成實乃香為雞舌香；珍異之本也。（陸佃《埤雅廣要》）

太學同官，有曾官廣中者云：沈香，雜木也。朽蠹浸沙水，歲久得之，如儋崖海道，居民橋樑皆香材，如海桂橘柚之木沈於水，多年得之，為沈水香，本草謂為似橘是也，然生採之則不香也。（《續博物志》）

瓊崖四州在海島上，中有黎戎國，其族散處無酋長，多沈香藥貨。（《孫升談圃》）

水沈出南海，凡數種。外為斷白、次為棧、中為沈。今嶺南岩峻處亦有之，但不及海南者清婉耳。諸夷以香樹為槽，以飼雞犬，故鄭文寶詩云"沈檀香植在天涯，賤等荊衡水面槎。未必為槽飼雞犬，不如煨爐向豪家。"（《陳譜》）

沈香生在土最久，不待剔剝而得者。（孫平仲《談苑》）

香出占城者，不若真臘，真臘不若海南黎峒，黎峒又以萬安黎母山東峒

者冠絕天下。謂之海南沈，一片萬錢。海北高化諸州者皆棧香耳。(蔡絛《叢談》)

　　上品出海南黎峒，一名土沈香，少有大塊，其次如璽栗角、如附子、如芝菌、如茅竹葉者佳，至輕薄如紙者入水亦沈。香之節因久蟄土中，滋液下流結而為香，採時香面悉在下，其背帶木性者乃出土上，環島四郡界皆有之，悉冠諸番所出，又以出萬安者為最勝說者，謂萬安山在島正東，鐘朝陽之氣，香尤醞藉豐美。大抵海南香氣皆清淑，如蓮花、梅英、鵝梨、蜜脾之類，焚博山投少許，氛翳彌室，翻之四面悉香，至煤爐氣不焦。此海南之辯也，北人多不甚識。蓋海上亦自難得，省民以牛博之於黎，一牛博香一擔，歸自擇選，得沈水十不一二。中州人士但用廣州舶上占城真臘等香，近來又貴登流眉來者。餘試之，乃不及海南中下品。舶香往往腥烈，不甚腥者氣味又短，帶木性尾煙必焦。其出海北者，生交趾及交人得之，海外番舶而聚於欽州謂之欽香。質重實，多大塊，氣尤酷烈，不復醞藉，惟可入藥，南人賤之。(范成大《桂海虞衡志》)

　　瓊州崖萬瓊山定海臨高，皆產沈香，又出黃速等香。(《大明一統志》)

　　香木所斷，歲久朽爛，心節獨在，投水則沈。(同上)

　　環島四郡，以萬安軍所採為絕品，豐鬱醞藉，四面悉皆，翻爇爐餘而氣不盡，所產處價與銀等。(《稗史彙編》)

　　大率沈水，萬安東洞為第一品，在海外則登流眉片沈可與黎峒之香相伯仲，登流眉有絕品，乃千年枯木所結，如石杵、如拳、如肘、如鳳、如孔雀、如龜蛇、如雲氣、如神仙人物，焚一片則盈室，香霧越三日不散，彼人自謂無價寶，多歸兩廣帥府及大貴勢之家。(同上)

　　香木初種也，膏脈貫溢則沈實，此為沈水香。有曰熟結，其間自然凝實者脫落。因木朽而自解者曰生結，人以刀斧傷之，而複膏脈聚焉。蟲漏，因蟲傷蠹而後，膏脈亦聚焉。自然脫落為上，以其氣和，生結蟲漏則氣烈，斯為下矣。沈水香過四者外，則有半結半不結為弄水香，番言為婆菜，因其半結則實而色重，半不結則不大實而色褐，好事者謂之鷓鴣斑。婆菜中則複有名水盤頭，結實厚者亦近沈水。凡香木被伐，其根盤結處必有膏脈湧溢，故亦結，但數為雨淫，其氣頗腥烈，故婆菜中水盤頭為下。餘雖有香氣，不大凝實。又一品號為棧香，大凡沈水、婆菜、棧香嘗出於一種，而每自有高下三者。其產占城，不若真臘國，真臘不若海南諸黎峒，海南諸黎峒又不若萬安吉陽兩軍之間黎母山，至是為冠絕天下之香，無能及之矣。又海北則有高化二郡亦產香，然無是三者之別，第為一種類，棧之上者，海北香若沈水地號龍龜者，高涼地號浪灘者。官中時時擇其高勝，試爇一炷，其香味雖淺薄，乃更作花氣百和旖旎。（同上）

南方火行其氣炎，上藥物所賦皆味辛，而嗅香如沈棧之屬，世專謂之香者，又美之所鍾也。世皆云二廣出香，然廣東香乃自舶上來，廣右香產海北者亦凡品，惟海南最勝人，士未嘗落南者，未必盡知，故著其說。（《桂海志》）

高容雷化山間，亦有香，但白如木，不禁火力，氣味極短，亦無膏乳，土人貨賣不論錢也。（《稗史彙編》）

泉南香不及廣香之為妙，都城市肆有詹家香頗類廣香。今日多用全類辛辣之氣，無複有清芬韻度也。又有官香而香味亦淺薄，非舊香之比。

已下九品俱沈香之屬

生沈香即蓬萊香

出海南山西，其初，連木狀如粟棘房，土人謂之刺香刀。刴去木而出其香，則堅致而光澤，士大夫日蓬萊香，氣清而且長。品雖俲於真臘，然地之所產者少，而官於彼者乃得之商舶獲焉，故值常倍於真臘所產者雲。（《香錄》）

蓬萊香即沈水香，結未成者多成片，如小笠及大菌之狀，有徑一二尺者，極堅實，色狀皆似沈香，惟入水則浮。刴去其背帶木處亦多沈水。（《桂海虞衡志》）

光香

與棧香同品第，出海北及交趾，亦聚於欽州。多大塊如山石枯槎，氣粗烈如焚松檜，曾不能與海南棧香比。南人常以供日用及陳祭享。（同上）

海南棧香

香如蝤皮、栗蓬及漁蓑狀，蓋修治時雕鏤費工，去木留香，棘刺森然，香之精鍾於刺端，芳氣與他處棧香迥別。出海北者，聚於欽州，品極凡，與廣東舶上生熟速結等香相埒，海南棧香之下，又有重漏、生結等香，皆下色。（（同上）

番香一名番沈

出勃泥、三佛齋，氣曠而烈，價似真臘綠洋減三分之二，視占城減半矣。（《香錄》）

占城棧香

棧香乃沈香之次者，出占城國。氣味與沈香相類。但帶木頗不堅實，亞於沈而優於熟速。（《香錄》）

棧與沈同樹，以其肌理有黑者為別。（《本草拾遺》）

黃熟香

亦棧香之類，但輕虛枯朽不堪也，今和香中皆用之。黃熟香夾棧香。黃熟香諸番出，而真臘為上。黃而熟故名焉。其皮堅而中腐者，其形狀如桶，故謂之黃熟桶。其夾棧而通黑者，其氣尤勝，故謂夾棧黃熟。此香雖泉人之所日用，而夾棧居上品。（《香錄》）

近時東南好事家盛行黃熟香，又非此類，乃南粵土人種香樹，如江南人家藝茶趨利，樹矮枝繁，其香在根。剔根作香。根腹可容數升，實以肥土，數年複成香矣。以年逾久者逾香。又有生香 鐵面油尖之稱。故《廣州志》云：東莞縣茶園村香樹出於人為，不及海南出於自然。

速暫香

香出真臘者為上，伐樹去木而取香者，謂之生速。樹僕木腐而香存者，謂之熟速。其樹木之半存者謂之暫香，而黃而熟者謂之黃熟，通黑者為夾棧，又有皮堅而中腐形如桶謂之黃熟桶。（《一統志》）

速暫黃熟即今速香，俗呼鯽魚片，以雉雞斑者佳。重實為美。

白眼香

亦黃熟之別名也，其色差白不入藥品，和香用之。

葉子香

一名龍鱗香，蓋棧香之薄者，其香尤勝於棧。

水盤香

類黃熟而殊大，雕刻為香山佛像並出舶上。

有雲諸香同出一樹，有雲諸木皆可為香，有雲土人取香樹作橋樑槽甑等用。大抵樹本無香，須枯株朽幹僕地，襲沁澤凝膏，蛻去木性，秀出香材，為焚爇之珍。海外必登流眉為極佳，海南必萬安東峒稱最勝。產因地分優劣，蓋以萬安鐘朝陽之氣故耳。或謂價與銀等，與一片萬錢者，則彼方亦自高值，且非大有力者不可得。今所市者不過占臘諸方平等香耳。

沈香祭天

梁武帝制南郊明堂，用沈香取天之質陽所宜也。北郊用土和香，以地於人親宜，加雜馥即合諸香為之。梁武祭天始用沈香古未有也。

沈香一婆羅丁

梁簡文時，扶南傳有沈香一婆羅丁，雲婆羅丁五百六十斤也。（《北戶錄》）

沈香火山

隋煬帝每至除夜，殿前諸院設火山數十車，沈水香每一山焚沈香數車，以甲煎沃之，焰起數丈，香聞數十裡。一夜之中用沈香二百餘乘，甲煎二百余石，房中不燃膏火，懸寶珠一百二十以照之，光比白日。（《杜陽雜編》）

太宗問沈香

唐太宗問高州首領馮盎云：卿去沈香遠近？盎曰：左右皆香樹。然其生者無香，惟朽者香耳。

沈香為龍

馬希範構九龍殿，以沈香為八龍，各長百尺，抱柱相向，作趨捧勢。希範坐其間，自謂一龍也。襆頭腳長丈餘，以象龍角。凌晨將坐，先使人焚香於龍腹中，煙氣鬱然而出，若口吐然。近古以來，諸侯王奢僭，未有如此之盛也。（《續世說》）

沈香亭子材

長慶四年，敬宗初嗣位，九月丁未，波斯大商李蘇沙進沈香亭子材，拾遺李漢諫云：沈香為亭子不異瑤台瓊室。上怒優容之。(《舊紀》)

沈香泥壁

唐宗楚客造一宅新成，皆是文柏為梁，沈香和紅粉以泥壁，開門則香氣蓬勃。太平公主就其宅看，歎曰：觀其行坐處，我等皆虛生浪死。(《朝野僉載》)

屑沈水香末布象床上

石季倫屑沈水之香如塵末，布象床上，使所愛之姬踐之，無跡者賜以珍珠百琲，有跡者節以飲食，令體輕弱。故閨中相戲曰：爾非細骨輕軀，那得百琲珍珠。(《拾遺記》)

沈香疊旖旎山

高麗舶主王大世，選沈水香近千斤，疊為旖旎山，象衡嶽七十二峰，錢俶許黃金五百兩竟不售。(《清異錄》)

香翁

海舶來有一沈香翁，剜鏤若鬼工，高尺餘。舶酋以上吳越王，王目為清門處士，發源於心，清聞妙香也。(同上)

沈香為柱

番禺有海獠雜居，其最豪者蒲姓，號曰番人。本占城之貴人也，既浮海而遇風濤，憚於復返，遂留中國定居。城中屋室佗靡踰禁，中堂有四柱，皆沈水香。(《桯史》)

沈香水染衣

周光祿諸妓，掠鬢用鬱金油，傅面用龍消粉，染衣以沈香水，月終人賞金鳳皇一隻。(《傳芳略記》)

炊飯灑沈香水
龍道千卜室於積玉坊，編藤作鳳眼窗，支床用薜荔千年根，炊飯灑沈香水，浸酒取山鳳髓。(《青州雜記》)

沈香甑
有賈至林邑，舍一翁姥家，日食其飯，濃香滿室。賈亦不喻，偶見甑則沈香所剜也。(《清異錄》)

桑木根可作沈香想
裴休符桑木根曰：若非沈香，想之更無異相，雖對沈水香反作桑根想，終不聞香氣，諸相從心起也。(《常新錄》)

鷓鴣沈界尺
沈香帶斑點者名鷓鴣沈，華山道士蘇志恬偶獲尺許，修為界尺。(《清異錄》)

沈香似芬陀利華
顯德末，進士賈顒於九仙山遇靖長官，行若奔馬，知其異，拜而求道。取篋中所遺沈水香焚之，靖曰：此香全類斜光下等六天所種芬陀利華，汝有道骨而俗緣未盡，因授煉仙丹一粒，以柏子為糧，迄今尚健。(《清異錄》)

砑金虛縷沈水香紐列環
晉天福三年，賜僧法城跋遮那（袈裟環也）。王言雲勒法城卿，佛國棟樑，僧壇領袖，今遣內官賜卿砑金虛縷沈水水香紐列環一枚，至可領取。(同上)

沈香板床
沙門支法存有八尺沈香板床，刺史王淡，其子劭求之不與，遂殺而藉之，後得疾，法存為祟也。

沈香履
陳宣華有沈香履箱金屈膝（《三餘帖》）

屜襯沈香
無瑕屜屜之內皆襯沈香，謂之生香屜。

沈香種楮樹
永徽中定州僧欲寫華嚴經，先以沈香種楮樹，取以造紙。（《清賞集》）

蠟沈
周公謹有蠟沈重二十四兩，又火浣布尺餘雲。（《雲煙過眼錄》）

沈香觀音像
西小湖天臺教寺，舊名觀音教寺。相傳唐乾符中有沈香觀音像，泛太湖而來，小湖寺僧迎得之。有草繞像足，以草投小湖，遂生千葉蓮花。（《蘇州舊志》）

沈香煎湯
丁晉公臨終前半月已不食，但焚香危坐，默誦佛經。以沈香煎湯時時呷少許，神識不亂，正衣冠，奄然化去。（《東軒筆錄》）

妻齎沈香
吳隱之為廣州刺史，及歸，妻劉氏齎沈香一片，隱之見之，即投於湖。（《天遊別集》）

牛易沈水香
海南產沈水香，香必以牛易之。黎黎人得牛皆以祭鬼，無脫者。中國人以沈水香供佛，燎帝求福，此皆燒牛也，何福之能得？哀哉！（《東坡集》）

沈香節

江南李建勳嘗蓄一玉磬，尺余，以沈香節按柄，叩之聲極清越。（《澄懷錄》）

沈香為供

高麗使慕倪雲林高潔，屢叩不一見，惟開雲林示之，使驚異向上禮拜，留沈香十斛為供，歎息而去。（《雲林遺事》）

沈番煙結七鷺鶿

有浙人下番，以貨物不合時，疾疢（音趁，染病意）遺失，盡傾其本，歎息欲死海客。同行慰勉再三，乃始登舟，見水瀕朽木一塊，大如缽，取而嗅之頗香，謂必香木也，漫取以枕首。抵家對妻子飲泣，遂再求物力，以為明年圖。一日，鄰家穢氣逆鼻，呼妻以朽木爇之，則煙中結作七鷺鶿，飛至數丈乃散，大以為奇，而始珍之。未幾憲宗皇帝命使求奇香，有不次之賞。其人以獻，授錦衣百戶，賜金百兩。識者謂沈香頓水，次七鷺鶿日夕飲宿其上，積久精神暈入，因結成形雲。（《廣豔異編》）

仙留沈香

國朝張三豐與蜀僧廣海善，寓開元寺七日，臨別贈詩，並留沈香三片，草履一雙。海並獻文皇答賜甚腆。

後記·香席的復興

　　工業文明的時代，物質現代化，互聯網、超音速飛機、汽車馬達的轟鳴，伴隨著我們每一天的生活。這是一種累。人類走得太快了，太匆忙了，心也太累了，以致忘記了村口的鄉間小徑，忘記了石板街嘎吱嘎吱的響聲，忘記了傍晚江邊的漁火，忘記了早晨街上的叫賣聲，忘記了伴隨成長的老牛，忘記了甘甜的泉水，忘記了娓娓道來的神仙故事，也忘記了院子裡的老槐樹，忘記了很多很多的過去。這些我們逐漸忘記的東西，正是我們生命的組成部分。

　　其實這是一種迷失，我們已經找不到來時的路了。

　　商業的力量是如此強大，幾乎可以摧毀一切阻擋其繼續商業化的任何障礙，也包括我們殘存的往昔記憶。這令我感到沮喪。

　　但是，偶爾進入我生活的沉香，讓我有了不同的感悟。

　　丁謂、陳敬、蘇東坡、黃庭堅這些文人墨客、香學大家，他們將對香的愛好作為修身養性的一種法門，成為生活的一部分，每日在香篆煙氣與青燈黃卷之中，尋找著自己心中的那份寧靜與安詳。這是一種文化意義上的寧靜與安詳。從某種角度看，正是這種寧靜與安詳，造就了中華文明的厚重與凝練，博大與精深。

　　大道無形，大音希聲。就在這寧靜與安詳之中，文人墨客和香學大家們將心靈的感受昇華到了新的高度，類似佛家的禪，類似道家的道，如同高山流水，如同空穀絕音。他們在嫋嫋升起的香煙中，感悟著世事，參透了人生。

　　從我接觸香文化以來，也被其神秘與雅致所吸引，常和朋友們一起品玩沉香，探討沉香如何鑒偽，以及香文化的來龍去脈。有時，我會沉浸在古人的淡泊寧靜之中,城市中的喧鬧聲仿佛不存在,時間似乎過得慢了一些。這是一種享受,也許正符合了當今世界所謂"慢生活"的格調。

值得我們玩味的是,商業會毀掉文化,有時卻也會促進文化,甚至使我們有足夠的物質基礎去尋找已經失落的文明。比如已經失落了百年的香席文化。

隨著改革開放的進一步深入,中國經濟快速發展,人們的物質生活條件獲得了極大改善,社會文化生活呈現出空前繁榮的大好局面。在和日本以及中國臺灣地區的文化交流中,有關日本香道、香席的書籍、資訊大量出現在書店和網路上,香學的愛好者可以方便地瞭解到相關知識。而中國發達的電子商務,也讓沉香及相關產品的賣家和消費者拉近了距離,隨便一搜,就可以從網上買到香爐、香刀、線香等玩香必備物品,甚至連香灰都有品質非常好的日本原裝品。可以說,除了天然野生沉香不大好買外,香席和香道的一切用品,都可以從網上購得。有了這些物質基礎,作為中國香文化的核心精髓——香席在一些大城市復興,也就在情理之中了。

這幾年,北京、上海、廣州、杭州、成都等大城市都出現了一些以香席為內容的主題會館、沙龍。大家或於雅室小聚,焚香品茗,共敘佳話;或在會所展示香席表演,品味沉香妙趣,增進友誼;還有些小眾化的香席或香道培訓,慢慢地傳播著香文化。

文明的演進過程就是這樣。走得快了,猛然間就想要回頭望一望。這一回望,遮掩在歷史塵埃中的各種精彩會若隱若現,吸引著我們揭開其神秘面紗。這樣一來,我們就會駐足,我們就會反思,我們就會捨棄一些東西,我們也會獲得一些新的感受。

就是在這樣的反思下,我們重新拾起歷史海洋中那塊美麗的扇貝——香席。

中華文明不是空洞的,它有許許多多的組成部分。比如《詩經》、諸子百家的學說、辭藻華麗的漢賦、唐詩宋詞、元代悲涼的雜劇、明清的小說演義。又比如甲骨文的金石味,小篆的中和之美,隸書的莊重,行書的飄逸,草書的奔放,楷書的正氣,還有樂府的音律,大明宮的雕樑畫棟,穿了幾千年的漢服衣冠,甚至宋徽宗的花鳥畫,柳如是的愛情悲劇,等等。這些都是中華文明的有機組成部分,而香席在其中佔有一席之地。中國要走向偉大的民族復興，文化的復興必然是全方位的。既要有吸收，也要有傳承，還要有發現。只有這樣的文化復興，才能使中華文明的復興具有可持續性，並且走向更加燦爛輝煌的未來。

很榮幸的是，我們作為當代的一分子，處於中國最繁榮的時期，處於這個偉大的文明復興時期，因為與香席的緣分，我們在一起前行。

參考文獻

1. 劉良佑.香學會典[M].臺北：東方香學研究會，2003.
2. 蕭元丁.沉香譜——神秘的物質與能量[M].太原：三晉出版社，2013.
3. 傅京亮.中國香文化[M].濟南：齊魯書社，2008.
4. 胡適.禪學指歸[M].西安：陝西師範大學出版社，2008.
5. 劉卉宇.宋詞菁華典評[M].西安：太白文藝出版社，2009.
6. 顧青.唐詩三百首[M].北京：中華書局，2012.

國家圖書館出版品預行編目（CIP）資料

中華文化叢書：香席 / 林燦 著. -- 第一版.
-- 臺北市：崧博出版：崧燁文化發行, 2019.05
　　面；　公分
POD版

ISBN 978-957-735-872-1(平裝)

1.香道 2.中國文化

541.26208　　　　　　　　　　108006976

書　　名：中華文化叢書：香席
作　　者：林燦 著
發 行 人：黃振庭
出 版 者：崧博出版事業有限公司
發 行 者：崧燁文化事業有限公司
E - m a i l：sonbookservice@gmail.com
粉 絲 頁：　　　　　　網　址：
地　　址：台北市中正區重慶南路一段六十一號八樓 815 室
8F.-815, No.61, Sec. 1, Chongqing S. Rd., Zhongzheng Dist., Taipei City 100, Taiwan (R.O.C.)
電　　話：(02)2370-3310　傳　真：(02) 2370-3210
總 經 銷：紅螞蟻圖書有限公司
地　　址：台北市內湖區舊宗路二段 121 巷 19 號
電　　話：02-2795-3656 傳真:02-2795-4100　網址：
印　　刷：京峯彩色印刷有限公司（京峰數位）

　本書版權為西南師範大學出版社所有授權崧博出版事業股份有限公司獨家發行電子書及繁體書繁體字版。若有其他相關權利及授權需求請與本公司聯繫。

定　　價：290元
發行日期：2019 年 05 月第一版
◎ 本書以 POD 印製發行